Sérgio Simka [coordenação]
Wilson Correia

APRENDER NÃO É UM BICHO-DE-SETE-CABEÇAS

Dicas e Técnicas de Aprendizagem

EDITORA CIÊNCIA MODERNA

Aprender não é um Bicho-de-sete-cabeças
Copyright© Editora Ciência Moderna Ltda., 2010

Todos os direitos para a língua portuguesa reservados pela EDITORA CIÊNCIA MODERNA LTDA.

De acordo com a Lei 9.610 de 19/2/1998, nenhuma parte deste livro poderá ser reproduzida, transmitida e gravada, por qualquer meio eletrônico, mecânico, por fotocópia e outros, sem a prévia autorização, por escrito, da Editora.

Editor: Paulo André P. Marques
Supervisão Editorial: Aline Vieira Marques
Capa: Cristina Satchko Hodge
Diagramação: Janaína Salgueiro
Assistente Editorial: Vanessa Motta

Várias **Marcas Registradas** aparecem no decorrer deste livro. Mais do que simplesmente listar esses nomes e informar quem possui seus direitos de exploração, ou ainda imprimir os logotipos das mesmas, o editor declara estar utilizando tais nomes apenas para fins editoriais, em benefício exclusivo do dono da Marca Registrada, sem intenção de infringir as regras de sua utilização. Qualquer semelhança em nomes próprios e acontecimentos será mera coincidência.

FICHA CATALOGRÁFICA

SIMKA, Sérgio; CORREIA, Wilson.
Aprender não é um Bicho-de-sete-cabeças
Rio de Janeiro: Editora Ciência Moderna Ltda., 2010

1. Compreensão. Conhecimento. Inteligência. Memória.
I — Título

ISBN: 978-85-7393-939-2   CDD 153

Editora Ciência Moderna Ltda.
R. Alice Figueiredo, 46 – Riachuelo
Rio de Janeiro, RJ – Brasil   CEP: 20.950-150
Tel: (21) 2201-6662/ Fax: (21) 2201-6896
LCM@LCM.COM.BR
WWW.LCM.COM.BR

"As ciências humanas que aprendemos comumente são aquelas que importava pouco que soubéssemos; deveríamos aprender-nos a nós, isto é, a conhecer-nos; de que serve o saber, ou pretender saber, como o mundo se governa, ao mesmo tempo que ignoramos o como nos devemos governar?" (Mathias Aires).

O saber não ocupa lugar. É quem se apropria dele que ocupa os melhores lugares.

Dedicatória

Para Mayla, minha filha, que tempera o sabor da vida.

Para os estudantes que já encontrei e aqueles que encontrarei nas aulas da vida.

Meus agradecimentos

Às pessoas que me fazem acreditar no quanto vale a pena ser professor.

Apresentação

Apresentação ✱ XI

Aprender não é um bicho-de-sete-cabeças foi escrito para o estudante que, além de querer nota, almejar passar de ano e ser aprovado no vestibular ou nas disciplinas que cursa na universidade, também busca propor um estilo de vida diferenciado à condição de aprendiz. Trata-se de um livro com indicativos práticos, vazados em escritos curtos, ligeiros, pouco extensos, sucintos, breves – características que presidem a apresentação deste livro, com vinte capítulos e 150 "dicas" técnicas e atitudinais sobre como estudar e aprender, indicando ao estudante o caminho para a construção da postura ética favorável à educação integral.

Esses pressupostos perpassam cada tema deste livro, a começar pela abordagem sobre o que é necessário para o estudo proveitoso, o planejamento das atividades e os indicadores posturais de comprometimento com o próprio aprendizado. Além da administração do tempo, prevenção de reclamações, superação da vontade de parar de estudar, saudável emprego da etiqueta e busca de autenticidade, outros capítulos abordam: o entusiasmo, as técnicas de estudo e aprendizagem e as habilidades para os atos de ler, escrever e debater, enfatizando a necessidade de associar teoria, prática e ética nas atividades estudantis.

Outro tópico estudado é a comunicação, seguida de "toques" sobre a inserção estudantil na comunidade escolar, científica e acadêmica, da educação básica ao ensino superior. Nesse nível educacional o estudante é chamado a entrar em contato com projetos de pesquisa e com os trabalhos acadêmicos, tomando parte também na divulgação científica, razão pela qual esses trabalhos recebem indicações de como ser elaborados, o que concorre para que o estudante pré-vestibular vá se familiarizando com eles. Por fim, o último capítulo trata da ética estudantil, apontando alguns valores à boa conduta do aprendiz.

Esses pressupostos levam ao entendimento de que a aprendizagem é:

> Contínua, porque o indivíduo, do nascimento até o último dia de vida, nunca para de aprender, o que faz ininterruptamente, motivo pelo qual o estudante pode ter uma programação diária de estudos: para o antes, o durante e o depois da aula;

> Cumulativa, uma vez que um aprendizado mais simples impulsiona o sujeito para aprender coisas de maior complexidade, levando-o a se aprofundar cada vez mais em seus estudos e fazendo cada vez mais sofisticada a sua aprendizagem;

> Dinâmica, característica que implica o envolvimento do estudante com o seu objeto de estudo, com o meio natural, social e cultural, para se manter sempre ativo, inclusive quando assiste a uma aula pensando no conteúdo que está sendo explorado;

> Global, no sentido de que o sujeito aprendiz não estuda e aprende empregando apenas a racionalidade, seu cérebro e sua cabeça, mas o todo que ele é;

> Gradual, porque a aprendizagem se dá pela dosagem equilibrada de aspectos como maturidade pessoal do estudante e grau de complexidade dos conteúdos, uma vez que uma criança aprende de um jeito e o adulto, de outro, bem diferente;

> Integral, pelo fato de que o aprendizado de um determinado conteúdo não incide apenas no amadurecimento cognitivo, mas na pessoa social, no cidadão;

> Permutável, sobretudo porque o ser humano é um ser social e estabelece sistemas de troca de coisas materiais, ideias, conhecimentos e saberes variados;

> Pessoal, porque não é possível que "A" aprenda algo em lugar de "B", o que não significa que o conhecimento de "Y" não possa ser comunicado a "Z";

> Social, porque é na sociabilidade e nas vivências culturais que os indivíduos vão ensinando, aprendendo, permutando saberes, práticas, visões, crenças e valores;

> Vivencial, pois quanto mais os conteúdos forem relacionados com a vida concreta e diária, melhor eles serão compreendidos e apreendidos pelo estudante.

Esses princípios podem concorrer para que o estudante veja em suas atividades um caminho para o próprio crescimento, sem se perder no individualismo ou na massificação social, ambas despersonalizantes. Por isso, todas essas ideias se encontram distribuídas ao longo deste livro, dando o sentido a cada uma de suas dicas, de interesse de todo estudante e, de modo especial, àquele que se prepara para ingressar no ensino superior, bem como do universitário que percorre os caminhos da academia.

Sumário

Introdução..1

1 - De que preciso para aprender? 7

   1 Abastecer a estante...9

   2 Cuidar da ordem..9

   3 Estudar tudo 10

   4 Fazer revisões 10

   5 Funcionar equilibradamente 11

   6 Gerar sínteses..11

   7 Lembrar-se da saúde..12

   8 Automotivar-se 12

   9 Resolver problemas 12

   10 Traçar estratégias e táticas..................................13

   11 Ter amplitude de visão..13

2 - Como planejar os estudos?................................. 15

   12 O que é projeto? 17

   13 O que é programa? 17

   14 1ª Pergunta do projeto: "O que estudar?" 18

   15 2ª Pergunta do projeto: "Por que fazer esses estudos?" 18

   16 3ª Pergunta do projeto: "Para que estudar isso?"...........19

   17 4ª Pergunta do projeto: "Como estudar?" 20

18 5ª Pergunta do projeto: "Onde estudar?" 20

19 Última pergunta do projeto: "Quando estudar?" 21

3 - Comprometa-se 23

20 Por que os estudantes fracassam? 25

21 O que é comprometimento? 25

22 O que o comprometimento não é 26

23 O compromisso como sistema de crenças 27

24 Entre o bom e o ótimo 27

25 Comprometimento é mesmo para quem? 28

26 O comprometimento é muito mais 28

4 - Levar os estudos a sério 31

27 A importância da seriedade 33

28 Levar os estudos a sério ou ser sério? 33

29 Competitividade ou cooperação? 34

30 Salvaguardar a própria humanidade 35

31 O estudante não é um autômato 36

32 O que importa na vida estudantil 36

5 - Aproveite o tempo 39

33 Colher o dia 41

34 Mapeando as prioridades 41

Sumário ✱ XIX

35 Um exemplo de como não usar o tempo 43

36 O relógio não deve ser senhor de ninguém 44

37 Manter os estudos em dia 44

6 - Evite a reclamação **47**

38 Quando o não aprender é problema? 49

39 A saída para quem tem problemas de aprendizagem 49

40 O reclamar por reclamar 50

41 Evitar os lamentadores 50

42 Saber onde pisa 51

43 Avalie-se sob critérios racionais 51

44 Para evitar reclamação 52

7 - E a vontade de parar? **55**

45 O jovem não gosta de estudar? 57

46 Parar de estudar? 57

47 Ser ou existir? 58

48 Uma ideia interessante 59

49 Prevenindo a desistência dos estudos 60

8 - Use a etiqueta **63**

50 O estudante pode aperfeiçoar-se 65

51 Usar a etiqueta é ser cidadão? 65

52 A etiqueta embeleza as relações humanas.................66

53 Entre a luta e a troca...67

54 A etiqueta pode ser reavivada....................................68

9 - Seja autêntico...71

55 O que a poesia e a filosofia têm a ensinar?...............73

56 A autenticidade é um desafio...................................74

57 Não é pouca coisa...74

58 A mentira é uma forma de prisão.............................75

59 Ser autêntico é ser revolucionário............................75

60 Vale a pena ser autêntico...76

10 - Entusiasme-se...79

61 É chato viver morto..81

62 O entusiasmado é otimista?.....................................81

63 Entusiasmo é autoafirmação....................................82

64 Quem são as pessoas interessantes?.........................83

65 Qual é o caminho do estudante?..............................83

11 - Como estudar?..87

66 A concentração...89

67 A internet é ferramenta...89

68 Encontrando o livro certo..90

69 Estudar documentando 90

70 Fazer anotações 91

71 Lidar com o vocabulário 91

72 O duvidar 92

73 O ter certeza 92

74 Praticar autoavaliações 93

75 Seguir o próprio ritmo 93

12 - Como aprendemos? 95

76 Tipos de aula 97

77 Antes da aula 97

78 Durante a aula 98

79 Depois da aula 98

80 Manter o aprendizado contínuo 99

81 O que justifica o ato de estudar? 99

82 Como reavivar o gosto pelos estudos? 100

13 - Ler, escrever e debater 103

83 A dica de Rilke 105

84 A boa formação 105

85 Por que lemos pouco? 106

86 O que é preciso para escrever? 106

87 Ler muito ajuda a escrever bem? 107

88 A função do debate na vida estudantil 107

89 Há lugar para a educação integral? 108

90 Ler, escrever e debater podem ser melhorados 108

14 - Teoria, prática ou práxis? **111**

91 O que é teoria? 113

92 O que é prática? 113

93 O que é práxis? 114

94 Teoria, prática e o aprender a aprender 114

95 Para que serve a relação pedagógica? 115

96 É possível comer do próprio pão? 115

97 Em nome do mutualismo pedagógico 116

15 - A comunicação eficaz **119**

98 O que é comunicação? 121

99 Como planejar a apresentação oral? 121

100 Como se preparar para executar a fala? 122

101 Fazer o conhecimento circular 123

102 O que é essencial em uma boa comunicação? 123

16 - Participação em eventos científicos **127**

103 Superando o "aulismo" 129

104 A divulgação científica.. 129

105 O que é uma conferência?.. 129

106 O que são congresso e simpósio?.................................. 130

107 O que é um colóquio?.. 130

108 O que são encontro, fórum e seminário?...................... 130

109 O que é lançamento?... 130

110 O que é mesa-redonda?.. 131

111 O que são palestra, oficina e *workshop*?...................... 131

112 Como participar de eventos científicos?....................... 131

113 Os eventos enriquecem o currículo?.............................. 131

114 Diversificar o currículo 132

115 Dicas valiosas sobre os eventos..................................... 132

17 - O projeto de pesquisa..135

116 O que é projeto de pesquisa?... 137

117 Como dispor os elementos pré-textuais?..................... 137

118 Elementos textuais: como fazer a introdução?........... 138

119 Elementos textuais: como fazer a justificativa?.......... 138

120 Elementos textuais: como elaborar os objetivos?....... 139

121 Elementos textuais: como descrever a metodologia?..... 139

122 Elementos textuais: como fazer o cronograma?............ 140

123 Elementos pós-textuais: as referências bibliográficas 140

124 Elementos pós-textuais: apêndices e anexos 141

125 Para que serve um projeto de pesquisa? 141

18 - Trabalhos acadêmicos 143

126 O que são trabalhos acadêmicos? 145

127 O que é trabalho didático? 145

128 Trabalhos acadêmicos: elementos pré-textuais 146

129 Trabalhos acadêmicos: elementos textuais 148

130 Trabalhos acadêmicos: elementos pós-textuais 149

131 O que são citações diretas e indiretas? 150

132 Valor dos trabalhos acadêmicos 150

133 Dicas de ouro sobre trabalhos acadêmicos 151

19 - Trabalhos de divulgação científica 153

134 O que é divulgação científica? 155

135 O que é comunicação científica? 155

136 O que é artigo científico? 156

137 O que é informe científico? 156

138 O que é minicurso? 157

139 O que são oficina e *poster*? 157

140 O que é resenha crítica? 158

141 Divulgar é semear 159

20 - Seja um estudante ético **161**

142 O que é ética? 163

143 O valor da constância 163

144 Viver a empatia... 163

145 Praticar a equidade 164

146 Viver em equilíbrio 164

147 Ter foco no humanismo 165

148 Abraçar a ousadia... 165

149 Perseguir a perfectibilidade 165

150 Vida boa com boa vida? 166

Conclusão **169**

Bibliografia **175**

Webgrafia **181**

Índice... **187**

O Autor.. **197**

Introdução

No meio educacional de todos os níveis há muita preocupação com a "didática", a "arte de ensinar". Há uma profusão de estudos sobre o ofício de professor. E isso é muito bom. No entanto, não tenho conhecimento de que exista vocábulo específico, razoavelmente difundido, para a "arte de aprender". Tanto é que Seymour Papert sugere o termo grego "matética" para designar esse processo. "Matética" seria o ofício estudantil, a "arte de aprender".

Mas não basta resolver essa questão. Mais que de um termo técnico, precisamos mesmo é de estudos sobre como aprender, assemelhados aos de didática. Esses estudos poderiam contribuir para que pudéssemos potencializar em nós o entendimento sobre o ofício de aprendiz, desenvolvido pelo ser humano desde que apareceu na face da Terra.

Nessa perspectiva, um ponto fundamental é que o desejo de aprender é elementar, essencial, em todo indivíduo. Por isso, Aristóteles disse: "Todos os homens têm por natureza o desejo de conhecer". Não seria esse desejo o que estaria por trás da "fase dos porquês" pela qual passamos todos nós e continuam a passar todas as crianças? O que motivaria as perguntas de pessoas comuns, de filósofos, cientistas, artistas e tantos adolescentes, jovens e adultos, que fazem indagações sobre toda coisa, todo ser e o sentido de tudo?

Próximo de nós, quem atualizou a intuição aristotélica registrada na abertura de *Metafísica* foi Taiguara. Por meio de um "som-palavra" instigante, inúmeras vezes esse poeta abriu a boca ao mundo e cantou: "Só feche seu livro, quem já aprendeu". De fato, quem ousaria dizer que "não está nem aí" para o saber? Quem teria a coragem de assumir a condição daquele que não precisa mais estudar e aprender? Quem poderia "fechar" o livro?

De outro modo, se, como disse Mathias Aires, "a ciência humana o mais a que se estende é ao conhecimento de que nada se sabe", então o desejo de saber não pode mesmo ser esgotado. E desse modo o "desejo de conhecer" e o "nunca poder parar de estudar e aprender" se tornam os motivos que levam crianças, jovens e adultos às salas de aula de nossas escolas, colégios, faculdades, centros universitários e universidades.

Em termos práticos, o anseio por estudar, aprender e saber é traduzido pela busca de letramento, passível de ser alcançado nos diversos programas e níveis da educação formal. Alcançando o letramento efetivo, sólido, então podemos empregar o ler, contar, escrever e debater como ferramentas significativas em nossa prática social cotidiana, incrementando muito nossa condição cidadã. Algo que vai muito além da simples alfabetização.

Sem sombra de dúvida, estudar e aprender ainda são um caminho seguro à formação pessoal, profissional, social e humana para todos quantos assumem o desejo de saber. Vale, aí, o esforço a favor de uma apurada compreensão da realidade, por meio da abordagem teórica ou pela aprendizagem da ação prática para a condução da existência, sem falar que esse processo nos ajuda na busca de um sentido para nossa condição no mundo.

Se assim é, como conduzir esse processo de estudo e aprendizagem? Onde encontrar forças para bem articular o desejo de aprender, o livro aberto, a necessidade de letramento e a aspiração por um sentido existencial ao longo da educação escolar e acadêmica? Em outros termos, como estudar e aprender, de maneira eficiente, eficaz e produtiva? Como levar adiante as atividades de aprendizagem que resultem em saberes que melhor qualifiquem nossa vida prática, cotidiana, pessoal, profissional, social e humana, dia após dia?

Foi por deparar com indagações dessa natureza, e por me inquietar com elas, que concebi este livro. Compartilho aqui um pouco da experiência obtida com os estudantes em programas de "ensino-estudo-e-aprendizagem" de sala de aula, bem como fora dela, em bem mais de uma década atuando como professor. Trata-se de uma coletânea de indicações sobre "como" estudar e manter uma "atitude ética" construtiva na vida estudantil.

O objetivo aqui assumido é o de contribuir para que os estudantes da educação fundamental, do ensino médio, pré-universitários e do ensino superior possam aliar uma metodologia segura de estudo a um estilo comportamental que favoreça o ato aprender. Para tanto, dispus a seguir um conjunto de 150 "dicas matéticas", a ser visto como uma ferramenta formativa para quem busca fazer da educação escolar e acadêmica uma parte de seu projeto de vida, em razão do qual também cultiva um imenso desejo de conhecer.

1
De que preciso para aprender?

1 Abastecer a estante

Quando eu era criança, minha mãe caprichava nas quitandas destinadas a mim e aos meus irmãos. Lembro-me de que açúcar, cravo-da-índia e canela em pau tornavam ótimo o bolo de abóbora com coco. Porém ela só executava a receita quando tinha todos os ingredientes à mão. Ter tudo à mão... Com o estudar não é diferente. É preciso reunir todo o material. Mas, embora isso seja consenso, o que mais existe é estudante "de mãos abanando" nas instituições de ensino, às vezes entre quem, mesmo tendo condições, resiste a adquirir o material didático em nome de "outros" conteúdos não recomendados. Sem falar naqueles que pensam que "basta assistir às aulas". Negativo! O material adotado integra o plano de trabalho do professor e como tal deve ser encarado. Desconsiderar isso não é um bom começo.

2 Cuidar da ordem

É bom dividir as matérias pela cronologia das aulas, pela temática ou grau de dificuldade que apresentam. Uma estudante que frequentou minhas aulas tinha três espaços distintos em sua estante, a saber: o das matérias fáceis, o das medianamente difíceis e o das severamente complexas. Como haveria de se esforçar na ordem inversa à que dispôs seus livros, mantinha ao alcance das mãos os conteúdos considerados difíceis, aos quais dava redobrada atenção. Segundo ela, "estudava-os até nos momentos de bobeira", aproveitando o subproduto do seu tempo diário para "melhor conhecer o inimigo e vencê-lo na batalha das avaliações" a que se submetia. Uma organização caprichada é "uma mão na roda".

3 ESTUDAR TUDO

Fazer o cronograma semanal dos conteúdos que estudará dia após dia dá racionalidade aos trabalhos escolares e acadêmicos. Se em um dia o estudante preferir quebrar a ordem, tudo bem. O que não vale é se "apaixonar" por alguns conteúdos e se esquecer dos demais. De que adianta se especializar na matéria "A", mas não dominar satisfatoriamente a disciplina "B"? Então, é preciso conduzir os estudos de modo a fazer frente às exigências de todos os conhecimentos do curso. Se for o caso de deixar de estudar alguma matéria, não hesitar em pôr de lado a que tem peso menor em vista das exigências institucionais, mas sem abrir mão de dar conta dos saberes cobrados nas várias avaliações do percurso estudantil.

4 FAZER REVISÕES

Estudar o conteúdo uma única vez não é o bastante quando o desafio é o de dominá-lo por completo e profundamente. Para tanto, é importante revê-lo tantas vezes quantas forem necessárias, sem esmorecer. A revisão possibilita a assimilação ativa e facilita a aplicação. Essa prática evita preocupações desnecessárias e dá embasamento à capacidade de mobilizar conceitos e melhor qualifica o aprendizado. Só a revisão consolida a estruturação de dados e informações que representem conhecimentos e saberes imprescindíveis a qualquer empreendimento na ordem do "saber", "saber fazer" e "saber ser". Revisar é consolidar.

5 Funcionar equilibradamente

Sinal de bom senso é encarar o dia a dia de estudos feito um trabalhador cuja produção tem de acontecer, ter qualidade e aparecer. Mas é bom cuidar do ambiente de estudos, de preferência iluminado pela luz natural, organizado com sobriedade, simplicidade, bom gosto e, se possível, equipado adequadamente. Além disso, prever dez minutos de intervalo a cada cinquenta ininterruptos de estudos. O intervalo serve para o estudante se movimentar, relaxar e readquirir novo pique no expediente. Nesses dez minutos, o cérebro processa tudo aquilo que foi estudado para que o aprender renda, e com maior qualidade. Desse modo, a jornada estudantil poderá ser produtiva, somando o benefício de não provocar cansaço.

6 Gerar sínteses

Investir na capacidade de produzir sínteses benfeitas, consistentes mesmo, dos conteúdos estudados, é um ótimo lembrete. Porém sintetizar não é apenas fazer a listagem de tópicos do conteúdo, mas elaborar no papel o esquema conceitual parecido com o mapa mental da matéria explorada. Uma vez esquematizado, o conhecimento se torna um estímulo vivo para que o cérebro seja "conectado" aos conceitos, teorias ou sistemas explicativos em fase de assimilação cognitiva. Para isso, o estudante pode empregar nas sínteses que fizer tudo o que facilitar a compreensão: cores, palavras, formas geométricas, dentre outros recursos, que contribuam para fazer vir à memória os conteúdos investigados. Sintetizar é dominar.

7 LEMBRAR-SE DA SAÚDE

Não cometer exageros. Alimentar-se de modo adequado e dormir o necessário para repor as forças despendidas. Oito horas de sono por noite é o que recomenda o pessoal da medicina. Além de comer e dormir, procurar, ainda, dar-se à diversão, à descontração. O lazer bem aproveitado é outra fonte de energia, pois revigora o organismo, dá leveza à cabeça e areja o espírito. O objetivo aqui é evitar a fadiga por meio de caminhadas, ginástica e outras atividades que façam a energia corporal fluir naturalmente. Então, o bom é comer, dormir e "mexer o esqueleto", prosseguindo divertidamente, com o "organismo azeitado", em forma.

8 AUTOMOTIVAR-SE

É essencial ter motivos para estudar. Eles dão margem à harmonização dos atos de explorar conteúdos e as providências para manter as forças pessoais. Um caminho para "dar de cara" com os motivos pessoais é responder às seguintes perguntas: "Por que preciso estudar?"; "Para quê aprender isso, e não outra coisa?"; "Quero estudar para...?". Ao pensar nessas questões, o estudante tira de seu campo de visão a "forçação de barra" de terceiros para estabelecer de modo consciente e objetivo o que ele próprio tem a ver com os estudos e onde se reconhece nas escolhas que faz nesse contexto. Isso é importante porque motivação não vem de fora. O que existe é automotivação, algo pessoal e intransferível.

9 RESOLVER PROBLEMAS

No percurso estudantil, inúmeros são os problemas que podem atazanar o estudante, concorrendo para que ele atraia o desânimo. Nessa hora, é bom ter um método para lidar com eles. Eu proponho o Sistema PADA: **P**roblema-**A**nálise-**D**ecisão-**A**ção, cujos passos são os que seguem. Primeiro: identificar e descrever o problema, suas causas e consequências. Segundo: analisá-lo à luz da lógica e dos sentimentos que provoca, caracterizando os fatores nele implicados. Terceiro: dominando as causas, consequências e a natureza do problema, decidir pela solução mais indicada à sua resolução. Quarto: agir para executar a decisão tomada e avaliar as ações concretizadas em vista dos objetivos pessoais.

10 Traçar estratégias e táticas

Se a estratégia se relaciona ao plano global de ação, por prever grandes operações de estudo, a tática refere-se aos atos intermediários. Exemplo de estratégia: dominar conteúdos do saber filosófico. Exemplo de táticas: "estudar" história da filosofia, "aprofundar" em uma corrente do pensamento filosófico e alcançar a "especialização" em um filósofo particular dentro dela. Contudo, se o aprendiz considerar que não foi bem em um desses momentos, a indicação é relevar-se, calma e serenamente, pois "perder uma batalha não significa perder a guerra". O importante é o robusto "quero aprender!", a decisão resoluta capital.

11 Ter amplitude de visão

Esses lembretes servem à visão geral sobre o que se quer aprender (curso), vendo também as partes (disciplina, conteúdo), sem extremismos para um lado ou para o outro. Pergunta: conseguimos mesmo ver toda a sala quando encostamos o nariz na parede? E, do alto da montanha, vemos o pardal que pousa no galho lá na encosta? Pois bem! Faça tudo isso de modo planejado porque o planejamento concilia o "todo" e a "parte" em um programa de estudos. Mas atenção: programa é mapa, não é território. Ele apenas orienta a exploração das terras que representa. Assim também o programa de estudos: deve ser feito para orientar as atividades de aprendizagem, sem a cegueira da parede ou do topo da montanha.

2
Como planejar os estudos?

12 O QUE É PROJETO?

Barbier escreveu que "o projeto não é uma simples representação do futuro, do amanhã, do possível, de uma ideia; é o futuro a fazer, um amanhã a concretizar, um possível a transformar em real, uma ideia a transformar em ato". No entanto, há estudantes que não "ligam a mínima para isso". É até curioso ver alguns levando os estudos sem qualquer organização de suas ações, "dançando conforme a música" na vida escolar. Agem como quem anda a esmo, sem saber aonde vai. Mas a atividade estudantil requer um projeto, compreendendo os atos de *planejar* o futuro, o amanhã, as ideias e o possível; *executar*, que consiste em fazer, concretizar, transformar e praticar para aprender; e *avaliar*, objetivando colher os resultados, bons ou passíveis de melhorias. Esse é o percurso inteiro quando o assunto é o processo de estudar e aprender. Negligenciá-lo não é a melhor ideia.

13 O QUE É PROGRAMA?

Do ato de *planejar* nasce o *projeto*. E *projeto* nomeia aquilo que é lançado à frente, antevendo a empreitada assumida. No caso da educação formal, *planejar* é fazer o *programa de estudos*, escrevendo antecipadamente as intenções, ações, modos de fazer, recursos e prazos necessários ao aprendizado pretendido. E o interessante mesmo nem é tanto fazer o mapa (planejar, programar, planificar), mas "explorar o território" (executar o programa, o plano, estudar, apreender conhecimentos). Por essa razão, conduz bem a vida estudantil aquele estudante que a estrutura em um programa, o instrumento que facilita a visão ampla do ato de aprender, ao tempo em que oferece os detalhes consistentes dele. Elaborá-lo não é uma coisa de outro mundo, nem um bicho de sete cabeças. Utilizando o sistema PR, "**P**ergunte-**R**esponda", fica fácil. Veja, a seguir, a sugestão hipotética para que isso seja feito.

14 1ª PERGUNTA DO PROJETO: "O QUE ESTUDAR?"

Para escolher os conteúdos de estudo

A resposta a essa pergunta pode ser dada seguindo o mote *estudar para...*: concluir o ensino médio, prestar vestibular, submeter-se às avaliações periódicas no ensino de terceiro grau, ser examinado em um concurso público, elaborar um projeto de pesquisa, fazer trabalhos acadêmicos ou para a divulgação científica no âmbito universitário, tais como artigo, comunicação, informe, resenha crítica ou outra modalidade de apresentação oral. Tudo isso é corriqueiro na vida estudantil. Começa no ensino médio e se estende ao ensino de terceiro grau. Cada uma dessas atividades requer um plano de estudo, seguido da execução por meio da investigação ou pesquisa que visem à prática produtiva, eficiente, eficaz e efetivamente transformadora. Por isso, uma resposta plausível à pergunta acima poderia ser a seguinte: "Vou estudar para fazer-me apto ao ingresso no terceiro grau, implicando a preparação para me sair bem em todas as etapas consideradas pré-requisitos nesse exame".

15 2ª PERGUNTA DO PROJETO: "POR QUE FAZER ESSES ESTUDOS?"

Para justificar a escolha

Neste passo, o estudante registra os argumentos que justificam a decisão de estudar os conteúdos escolhidos, evidenciando a importância deles no contexto do seu projeto de vida e articulando "saber pretendido" e "função social". Exemplo: "Dedicarei esforços para saber com profundidade os conteúdos do ensino médio, condição de possibilidade para que eu possa fazer o curso superior de maneira qualitativamente diferenciada. Fazer faculdade é batalhar por minha realização pessoal e profissional. Ademais, esse nível de educação é fundamental ao desenvolvimento do modo humano de pensar a sociedade, o mundo e a vida, exatamente o que almejo". Note: ali onde o interesse pessoal encontra as necessidades humanas está o ponto de apoio necessário às fundações seguras da trajetória de formação pessoal, profissional, social, humana e geral. Muito estudante não atenta para isso e só percebe a mancada quando já está cursando a faculdade, aumentando assim as chances de sofrer desgastes ou prejuízos pessoais, financeiros e acadêmicos quando tenta corrigir a escolha malfeita – o que não é coisa do outro mundo e pode ser prevenido.

16 3ª Pergunta do projeto: "Para que estudar isso?"

Para elaborar os objetivos

Os objetivos são o "geral" e os "específicos". O objetivo geral expressa o que o estudante deseja com o programa de estudo no seu todo, ao fim do processo. Os objetivos específicos dizem respeito ao que é almejado por ele em termos de resultados intermediários, no decorrer da aprendizagem, em cada um dos momentos ou partes que compõem o programa de estudos. Exemplos: Objetivo geral: "Dominar os conhecimentos requeridos em nível do ensino médio disponibilizados por colégios ou cursos pré-vestibulares". Objetivos específicos: "i. Aprender os conteúdos frequentemente cobrados no vestibular; ii. Fazer o curso preparatório ao ingresso na faculdade para melhor compreender as matérias de maior complexidade e importância; iii. Inscrever-me no vestibular a fim de obter habilitação legal para fazê-lo, no prazo certo e sem perda de tempo". Pois bem. Ter objetivos é saber aonde ir e onde estar em um determinado momento da vida. E isso é indispensável, porque, para quem não sabe aonde ir, qualquer caminho serve, o que pode dificultar bastante a vida do estudante.

17 4ª PERGUNTA DO PROJETO: "COMO ESTUDAR?"
Para estabelecer a metodologia de estudos

Aprendizagem é "contínua", com início, sim, mas implica um desenvolvimento que nunca pode ser plenamente concluído (o livro nunca poderá ser fechado). É "gradativa", porque o saber aprendido é modificado por novos conhecimentos que vão sendo adquiridos pelo estudante. É, ainda, "dinâmica", pois pode sofrer recomeços, rearranjos, reorientações e replanejamentos os mais variados. Essas são indicações a considerar na metodologia de estudo, a qual deve esclarecer como será a execução do programa de aprendizagem. Exemplo: "Com o material de estudo reunido e os horários organizados, farei explorações genéricas dos conteúdos (leituras, exercícios...) para adquirir uma visão panorâmica das disciplinas que tenho de dominar. Em seguida, executarei o estudo profundo (analítico) das matérias (com registro documentado de dados), mantendo meus 'esquemas matéticos' sobre elas. Com base nesses mapas, farei sínteses consistentes do que eu tenho de estudar". Ter clareza sobre como tudo será feito torna a metodologia de estudo "a" diferença do projeto.

18 5ª PERGUNTA DO PROJETO: "ONDE ESTUDAR?"
Para escolher os locais apropriados ao aprender

Aqui o estudante registra os locais de estudo apropriados ao seu estilo e necessidades, mas procurando manter a organização: em casa, na biblioteca da escola ou de outras instituições, buscando o maior proveito dos materiais de que puder dispor. Exemplo: "Estudarei as disciplinas exigidas no vestibular em casa, na biblioteca do colégio e na da faculdade local, bem como em grupo, com os meus amigos, conforme minhas necessidades e estilo". A ideia aqui é salientar que o lugar tem de ajudar o estudante a se concentrar para apreender bem os conteúdos. Para cada conteúdo, um ambiente!

Conheci um estudante que sentava no banco da praça, com o livro na mão, só para ser interrompido pelos colegas que o viam naquele lugar. Note! Ele procurava a dispersão quando deveria buscar a concentração.

19 Última pergunta do projeto: "Quando estudar?"

Para organizar os tempos de estudo

Neste passo, o estudante assinala as atividades estudantis em um cronograma semanal, sem fazer do relógio um tirano, mas prevendo uma lista de tarefas que deve ser realmente obedecida. E é bom estipular períodos de estudos de cinquenta minutos, com intervalos de dez minutos para descanso, tendo presente que pouco adianta estudar loucamente em véspera das avaliações. O que dá resultado é estudar diariamente, todas as semanas. Lembrar ainda que o tempo deve ser conquistado. Para tanto, a decisão de determinar tantas horas/dia para os estudos tem de ser uma decisão do estudante. No curso superior, por exemplo, há a indicação de que o acadêmico tenha, no mínimo, o mesmo tempo de uma aula em sala para preparar e revisar o conteúdo fora dela. Administrar o tempo é fundamental.

3

Comprometa-se

20 Por que os estudantes fracassam?

Muitas vezes o fracasso surpreende o estudante porque ele não tem energia suficiente para executar os seus projetos com garra, persistência e determinação. Na esteira dessa falta de vigor aparece o desânimo e ele acaba por desistir muito facilmente de seus propósitos. Consequentemente, esse estudante fica à beira do caminho, vendo os outros passarem rumo a metas, objetivos e finalidades relacionadas com a vida estudantil. Mas se esse estudante tivesse tenacidade o bastante para aprender de verdade, se fosse leal às próprias aspirações, tudo poderia ser muito diferente. Ele poderia fazer-se um vencedor em todas as etapas que o percurso escolar compreende, do colégio à universidade. Para tanto, é preciso que ele tenha garra e determinação para persistir em seus projetos de aprendizagem significativa. Isso contribuiria enormemente para evitar o fracasso. Em outras palavras, para não "morrer na praia", ele deveria ser comprometido com o aprender, visando ao próprio desenvolvimento integral. E isso é uma necessidade porque o mundo está repleto de gente que simplesmente "passa pela vida", não se importando em desfrutá-la de modo consequente – o que é lamentável no caso de um estudante cheio de vigor e capacidade de aprender.

21 O que é comprometimento?

O compromisso estudantil abrange as dimensões pessoais, a do conhecimento geral e específico e a social. No primeiro caso, porque estudar é (deveria ser) parte importante do projeto de vida das pessoas, e a sociedade deveria dar condições de possibilidade a que esse projeto pudesse se realizar a contento. No segundo caso, porque é o conhecimento que possibilita o desenvolvimento intelectual, profissional e pessoal do indivíduo, uma vez que o modo humano de ser/estar no mundo implica ter informações, conhecimentos e saberes vários. No terceiro caso, porque é por meio do conhecimento que o aprendiz pode contribuir com soluções criativas para a superação de problemas sociais, até como contrapartida às condições favoráveis ao aprendizado socialmente garantidas. Mas essas coisas não são impossíveis. Tudo isso pode ganhar a forma de um contrato que vincula o estudante ao aprender, no qual ele assume o dever de estudar como uma promessa a si mesmo: a de dominar os conhecimentos que investiga. Por esse acordo, ele estabelece o que quer para si, não para "fazer paisagem" aos olhos alheios, mas para que ele mesmo se oriente no percurso de sua formação escolar e acadêmica, revigorando, a cada dia, a ousadia de saber.

22 O QUE O COMPROMETIMENTO NÃO É

Antene-se! Compromisso não significa adesão acrítica, alienada, irresponsável e submissa aos sistemas com o quais o projeto estudantil se relaciona. Todo ajustamento acrítico é sinal de incapacidade de responder pelas próprias decisões. Ademais, o compromisso com os estudos não pode ser pretexto a que o aprendiz afaste as possibilidades de questionamento sobre a trajetória pessoal. "Tenho me comportado à altura do meu projeto estudantil?" / "Estou me esforçando para acertar?" / "Se for o caso, estou disposto a mudar de atitude?" Dúvidas assim são saudáveis à manutenção de uma postura racional ante os próprios projetos e objetivos, além de possibilitarem que o aprendiz não fique bitolado ou alienado, olhando apenas para o próprio umbigo. Desse modo, se ao comprometimento associa-se a ideia de que "sem envolvimento não há desenvolvimento", como afirma o psiquiatra José Ângelo Gaiarsa, a ele também está vinculada a seguinte noção: compromisso é caminho à autonomia, jamais uma via ao assujeitamento ou autoanulação diante das tarefas impostas pelo colégio ou pela universidade. Nesse sentido, a conclusão parece clara: o comprometimento deve servir à manutenção da integridade pessoal, e não à despersonalização alienante.

23 O COMPROMISSO COMO SISTEMA DE CRENÇAS

Outra maneira possível de pensar o comprometimento é vê-lo como o aglutinador das crenças pessoais que o estudante pode eleger para fundamentar a própria vida e os estudos. Nesse sentido, o comprometimento implica a decisão de levar os próprios projetos adiante, com determinação e persistência. Mas é necessário que o estudante confie nos objetivos traçados por si e para si, por meio do cultivo consciente de princípios e valores que os sustentam. Assim, ele pode estudar para valer, sem abrir mão do cuidado de si e daquilo em que acredita. Ter crenças, para além de ter motivos para fazer alguma coisa, significa ser portador de sentido e direção para a própria vida, algo que o estudante pode utilizar como a alavanca de seu querer, saber e fazer, devidamente planejados. Afinal, "só alcança o êxito quem antecipadamente procura saber o que deve atingir", sustenta o provérbio japonês.

24 ENTRE O BOM E O ÓTIMO

O estudante comprometido com o próprio projeto de desenvolvimento intelectual, social, profissional e humano não faz amizade com o "bom" porque sabe que o "ótimo" existe para qualificar-lhe a existência. E isso, mais do que habilidades e competências voltadas para atuar profissionalmente, requer uma cota robusta de desejo, energia, empenho, disciplina e ação criadora. Só saber o que se quer não basta. É necessário fazer que aquilo que se quer vire realidade. Desse modo, se o projeto é a materialização de aspirações possíveis, o comprometimento é a força dinamizadora que o transforma em realização. O estudante extraordinário não apenas compreende o significado disso tudo, mas o incorpora à sua subjetividade, de modo que a força do comprometimento qualifique o que ele é, sabe, sabe fazer e realmente faz para dar realidade às ideias e sonhos que acalenta e quer conquistar.

25 Comprometimento é mesmo para quem?

Ser compromissado não é para o morno, aquele que se equilibra no muro do "mais ou menos", do "poderia ser", muitas vezes sem notar que não fazer nenhuma escolha é já uma escolha, a qual pode ser a de se deixar ser conduzido por terceiros. O compromisso também não é para o frio, o qual tenta se fazer imune ao calor da vida, deixando de lado a energia de estar vivo e abraçando a inércia como estilo existencial, quase sempre para não chegar a lugar nenhum. O comprometimento é, sim, para o equilibradamente quente, que se faz aguerrido, sem ser destrutivo; prudente, sem ser covarde; sonhador, sem perder o vínculo com a realidade. Nessa perspectiva, mais vale executar, que projetar; agir, que decidir; produzir, que intuir. A dimensão transformadora da educação só se concretiza na ação.

26 O comprometimento é muito mais

Quem se compromete sabe o "que", o "por que" e o "para que" deseja estudar, além de ter ciência de "como" fazer para aprender e "com quem" contar na empreitada estudantil, de maneira sempre duradoura e persistente. No mais, o comprometimento:

➢ confere sentido ao programa de ações matéticas eficiente, eficaz e produtivo;

➢ dá coragem ao estudante para ele enfrentar o desafio de superar as próprias limitações e evitar a instrumentalização rasteira da educação escolar e acadêmica;

➢ é vinculação saudável a si mesmo, às pessoas, à realidade circundante e ao mundo;

➢ enseja a prática de reorientar as atividades rumo ao aprendizado significativo, nunca se entregando à estagnação perniciosa e improdutiva;

➢ imprime-lhe a certeza de que não deve se furtar a oferecer suas contribuições ao debate sobre o sentido social do aprendizado, com vistas para a vida prática das pessoas;

➢ leva-o a assumir o próprio percurso estudantil em meio às interações de compartilhamento dos saberes significativos do ponto de vista social;

➢ motiva-o à revisão periódica dos modelos de percepção da vida como ser relacional e cooperativo, no contexto "comunidade-instituição de ensino-sociedade-realidade-mundo" ao qual se vê inserido;

➢ propicia a orientação para o estudante se sentir diuturnamente interessado pelo que faz, superando os momentos de desânimo;

➢ oferece segurança a que ele tenha um foco específico e objetivo, sem que negligencie a própria formação cultural em termos gerais, amplos;

➢ possibilita o fortalecimento da confiança naquilo em que acredita e pelo que batalha em suas tarefas e atividades.

4

Levar os estudos a sério

27 A importância da seriedade

"Não é importante ser sério. É importante ser sério nas coisas importantes", afirmou Hutchins, enfatizando o que realmente interessa em todas as dimensões da nossa vida. No entanto, as escolas, colégios, faculdades, centros universitários e universidades, lugares de coisas importantes, estão repletos de estudantes que vivem fazendo de conta que aprendem. Eles fingem estudar ou se preparar para a construção e fruição de uma vida interessante, criativa e criadora. Esses indivíduos aparentemente se demonstram satisfeitos com a perspectiva da "certificação", da obtenção do diploma, e nada mais. Para eles, o canudo não significa o coroamento de um programa de aprendizado, crescimento, transformação e desenvolvimento pessoal, social, humano e profissional, mas, sim, um ritual estéril, pura formalidade, só para dar satisfação a terceiros ou à sociedade. Tendo isso presente, podemos indagar: o que esperar de um estudante que adota essa postura, tão contrária a uma vida autêntica e singular? O que esperar de uma nação cujos estudantes se comportam dessa maneira, longe da responsabilidade de que são capazes? Será o diploma apenas um penduricalho no conjunto das coisas por meio das quais buscamos sempre "dar um jeitinho" nas coisas, sem mergulharmos nas profundezas do real, mas buscando, à la Gerson, "levar vantagem em tudo"? Bastarão os títulos ou são realmente necessários o "saber", o "saber fazer" e o "saber ser" que a teoria, a prática e a ética requerem de cada um de nós? Pensando bem, quem leva a sério a vida estudantil tenderá a optar pela segunda via, sem a qual nada de realmente novo poderá acontecer. Até porque o preço da outra trilha poderá ser maior.

28 Levar os estudos a sério ou ser sério?

Vale insistir. Talvez o estudante devesse se preocupar menos com "certificação" e mais com "formação". Os que tomam o primeiro caminho quase sempre são problemas para si mesmos, para os pais, professores, instituição de ensino e para a sociedade. Esses estudantes pouco têm a receber de seus colegas, amigos, pais, professores e demais pessoas com quem palmilham o caminho da vida estudantil. Quase nada oferecem em termos de contribuição à sociedade de que fazem parte e ao mundo no qual vivem. Mas isso não precisa ser para sempre. É possível mudar essa atitude negativa, objetivando-se o contrário a tudo o que não acrescenta valor e qualidade ao aprender. É essa mudança que implica a seriedade nos estudos. No entanto, "levar" a vida estudantil "a sério" é diferente de "ser sério". Quem estufa o peito e diz "sou sério" adota o caminho inverso ao da seriedade, aqui entendida como uma qualidade da pessoa, e não a essência daquilo que ela é. A pessoa séria é coisificada ao objetivar-se na seriedade, que, ao modo de Aristóteles, só faz sentido se empregada na medida, hora, atividade e motivo certos, e de maneira certa, a coisas realmente importantes. Encarar tudo o mais com natural leveza ainda é o melhor caminho a quem estuda, pois essa é a atitude de quem sabe o quanto vale o bom humor. E é pelo fato de o "humor evitar o tumor" que não existem razões para não cultivá-lo, positivamente.

29 COMPETITIVIDADE OU COOPERAÇÃO?

Levar a vida estudantil a sério é adotar uma postura espontânea e serena, longe da competitividade tirânica e obtusa que nos rodeia, que beira escancarada e abertamente a hiperconcorrência. Essa "hiperconcorrência" que invade o campo educacional foi comentada por Marcelo Coelho em um artigo publicado na *Folha de S. Paulo*, dia 4 de maio de 2005, página E-10 do caderno *Ilustrada*. Tomando por base a realidade paulistana, ele afirma que, com a rotina competitiva instalada nos "melhores" colégios da capital paulista, "de estresse, de massificação, de treinamento frenético, de atenção opressiva a 'resultados' no vestibular... chegará o dia em que teremos de levantar qual o colégio com menor taxa de suicídios. Ou com menor número de casos de depressão. Ou de alcoolismo. Ou – nem preciso dizer – de consumo de drogas". Até quando os pais sacrificarão os próprios filhos nesse sistema que adestra e desumaniza em vez de educar? Até quando os profissionais da educação ficarão de braços cruzados diante dessa monstruosidade pedagógica e educacional? Até quando o estudante aceitará ser máquina de produzir resultados para enriquecer apenas alguns empresários da educação, em prejuízo da própria vida? Ser sério assim não dá.

30 Salvaguardar a própria humanidade

É bom o estudante entender que a seriedade como mera carranca só contribui para produzir o escravo de si mesmo, assujeitado ao domínio inescrupuloso de terceiros, deixando-se instrumentalizar por mentes doentias, que vivem fazendo jogos de poder para controlar todos que aparecem à sua frente. Mas, por outro lado, fugir desse perigo não significa "levar os estudos na flauta". Isso não pode ser tolerado porque significa inautenticidade. Por isso, não acompanhar o plano proposto para as disciplinas, fingir estudar e se portar de maneira desleixada na vida estudantil são atitudes que demonstram falta de amor-próprio, descaso para com a autonomia e a liberdade pessoal. Não defendo essas coisas. O que proponho é o comprometimento arejado com os estudos, de modo a que o aprendiz mantenha íntegra a sua pessoalidade. Quem disse que o estudante tem de ser "sério como uma porta", sufocando a humanidade que lhe é essencial? O lado humano de quem estuda não pode ser tão frágil a ponto de o indivíduo se anular em nome da racionalidade, da cognição e dos resultados no vestibular ou quaisquer outros programas de formação. Nesse sentido, manter a integridade implica permanecer inteiro, alguém ao lado de quem vale a pena ser e estar porque demonstra percorrer as trilhas do bem viver de modo equilibrado e cooperativo.

31 O ESTUDANTE NÃO É UM AUTÔMATO

O estudante tem corpo: ele não é uma coisa. O estudante tem alma: ele não é um autômato. Ele é humano e não pode ser tratado como se fosse uma máquina de memorizar, decorar, assimilar, reter e regurgitar conceitos e teorias em provas, testes e exames de avaliações classificatórias. Lembrar-se dessas ideias faz diferença quando os objetivos, atividades e prazos planejados pedem engajamento, envolvimento, disciplina e dedicação, coisas que podem ser vividas sem alienação ou bitola, estresse ou escravidão, possibilitando ao aprendiz levar a vida estudantil a sério, mas também curtindo a poesia de viver. Isso é possível. E ignorar o possível no âmbito da educação é negar a essência mesma do ato educativo, essa prática social que deve potencializar a humanização da pessoa, e não a sua regressão.

32 O QUE IMPORTA NA VIDA ESTUDANTIL

Para ir além do costumeiro na vida estudantil, entre outras coisas, o importante é:

> agradecer alegremente as conquistas cotidianas, pois o sério tem um humor tão azedo que nem sabe reconhecer aquilo que faz de bom;

> como sinal de que leva a vida e os estudos a sério, o estudante pode adotar a fórmula "semear para colher", mas diversificando o mais possível, porque, se sempre plantar arroz, nunca poderá esperar pelo feijão;

> evitar fazer do pessimismo a tônica do discurso que veicula, pois o pessimismo não acrescenta nada a quem almeja o equilíbrio;

- não estudar para apenas reter, mas para compreender e transformar informações em conhecimentos que possam virar a sabedoria das decisões, atos e ações executadas;

- notar que o projeto de vida estudantil só faz sentido se encaminhar o estudante para ser uma pessoa de bem, gente má o mundo já tem demais;

- procurar a perspectiva construtiva das coisas, fugindo das manifestações destrutivas engendradas pelas diversas formas de poder que se abatem sobre nós;

- valorizar a ida à segunda milha, isto é, fazer mais do que espera de si mesmo;

- viver intensamente: quanta gente deixa para o fim da vida a vontade de voltar no tempo para curtir mais e melhor os seus dias, seus momentos, mesmo sabendo que isso se tornou impossível?;

- viver o agora, o presente, a sério, pois o ontem e o amanhã existem apenas como referência do presente, e não sendo reais, ontem e amanhã não podem nos roubar o presente a viver;

- viver, deixar viver, levar a vida a sério e abandonar a ideia de ser sério, a fim de viver mais e melhor a busca do saber.

5

Aproveite o tempo

33 COLHER O DIA

Para destacar a necessidade que temos de aproveitar o tempo, Rubem Alves escreveu o seguinte toque: "'Carpe Diem' quer dizer 'colha o dia'. Colha o dia como se fosse um fruto maduro que amanhã estará podre. A vida não pode ser economizada para amanhã. Acontece sempre no presente". E isso demanda certo esforço, porque lidar bem com o tempo é uma arte. No contexto da educação escolar ou acadêmica, saber "colher o dia" pode ser expresso pela dosagem consciente de cronologia e conteúdo, harmonizando-os. Assim, determinar quantas horas estudar e como distribuir os períodos de estudo no correr dos dias da semana é determinante ao bom andamento do ato de aprender. E a saída para isso é administrar o relógio. Matar o tempo é sepultar oportunidades. Nem é bom pensar!

34 MAPEANDO AS PRIORIDADES

Atualmente, tudo parece começar, se desenvolver e terminar muito rapidamente. Recursos como internet e celular, sem falar nos que servem aos meios de transporte, são exemplos de tecnologias que contribuem para encurtar o tempo de todo mundo. Para o estudante, isso pode significar o risco de correr sem saber aonde ir. Aí entra o equilíbrio. Se é inadmissível ao aprendiz entrar em uma correria sem sentido, é igualmente inaceitável cair na vagabundagem improdutiva. Por isso, o bom senso manda estabelecer prioridades e dividir o que tem a fazer a título de *tarefas urgentes*: de prazos definidos; *tarefas importantes*: de prazos flexíveis; *tarefas não urgentes, mas importantes*: a fazer a todo o tempo; e *tarefas nem urgentes nem importantes*: que devem ser feitas na sobra de tempo. Identificar o peso de cada uma delas no projeto pessoal de estudos e tratá-las à altura é gerenciar os próprios movimentos.

MAPA DAS PRIORIDADES

URGENTES
(com prazos certos)
Fazer meu projeto de estudos
Organizar meu tempo – cronograma
Reunir os conteúdos que preciso estudar

IMPORTANTES
(com prazos flexíveis)
Cursar informática
Receber reforço em inglês
Colecionar livros raros

NÃO URGENTES, MAS IMPORTANTES
(para fazer o tempo todo)
Cuidar da saúde e me divertir
Visitar parentes e amigos
Ler, escrever e debater

NEM URGENTES NEM IMPORTANTES
(fazer quando possível)
Passar horas na internet e ao telefone
Aceitar interrupções aos meus estudos
Ler as correspondências marqueteiras

Essa ilustração é hipotética. Em última análise, cada um sabe das próprias urgências e importâncias e deve articulá-las do melhor modo possível. O que esse *mapa* sugere é um modo de evitar a desorientação, como quando se aproxima o período de avaliações ou exames. Em tais ocasiões, certos estudantes passam noites em claro atualizando os conteúdos para terem um dia seguinte (o fatídico *day after*) catastrófico, abatidos pela indisposição.

35 Um exemplo de como não usar o tempo

Um exemplo de como não lidar com o tempo apareceu na *Folha de S. Paulo, on-line*, do dia 26 de novembro de 2005, em uma matéria sobre alguns estudantes para os quais a semana havia sido "de pesadelos" e "noites maldormidas por causa do vestibular que se aproximava". Claro! Tinham que ser os exames do vestibular. Na matéria, um estudante conta que acordava "de hora em hora" porque "'até o estrado da cama incomodava.' Como não conseguiu dormir normalmente, chegou ao local do exame tremendo. 'Meus colegas até perguntavam se [eu] estava bem.' A noite que o castigou continuou fazendo estragos durante o exame. Cansado, a concentração não vinha e os erros 'bobos' tornaram-se frequentes. 'Não ter dormido bem certamente afetou meu rendimento na prova. Errei muitos detalhes, coisas que eu sabia resolver'", disse o vestibulando, o qual assegurou que tudo aquilo lhe aconteceu porque ele se sentia mal preparado para os exames. Então, o costumeiro alerta: na hora de dormir, dormir; na hora de trabalhar, trabalhar; na hora de estudar, estudar; na hora de se divertir, divertir-se. Essa dica pode contribuir para que o estudante se sinta preparado, calmo, seguro e confiante em todas as avaliações a que se submete seguidamente. E tenha êxito.

36 O RELÓGIO NÃO DEVE SER SENHOR DE NINGUÉM

Que a má administração do tempo causa estrago, ah!, isso causa sim, e muito. Importante, então, é o estudante se colocar, não na posição de quem se curva ao relógio, mas na de quem faz dele um instrumento auxiliar, distribuindo inteligentemente os horários de estudo ao longo do dia, da semana, do mês, do ano. O bom é ter uma cota de atividades diárias para não interromper o processo de aprender. Essa atitude ajuda quem se vê premido entre o "aspirar" e o "planejar", entre o "plano" e a "execução", entre o "saber" e o "fazer". Além disso, essas providências ajudam a superar o espontaneísmo. E isso é importante porque, mais do que saber o que fazer nos minutos das horas de um dia, a gestão do tempo oportuniza a qualificação da vida estudantil com um norte, um rumo, um sentido, uma direção.

37 MANTER OS ESTUDOS EM DIA

Manter os estudos em dia concorre para que o estudante adquira confiança e use racionalmente o tempo. Nesse sentido, é interessante para o estudante:

➢ acordar em horário hábil pela manhã para executar os cuidados pessoais com tranquilidade, pois os minutinhos a mais na cama podem causar atrasos e prejuízos;

➢ conciliar os compromissos de modo a evitar choque de horários, cuidando de ter uma agenda na qual vai registrando cada uma das atividades;

➢ dedicar maior quantidade de tempo às disciplinas mais difíceis, uma vez que nas consideradas fáceis ele poderá deslanchar naturalmente, deixando a "ralação" para aquelas consideradas os "ossos duros de roer";

- descansar porque o excesso de atividades acaba por trazer estresse, prejudicar a concentração e o rendimento nos estudos;
- evitar atender o telefone nos momentos de estudo, pois a dispersão pode ser um pretexto para que o estudante protele o crescimento programado;
- marcar os compromissos estudantis e chegar na hora estipulada, mas se a outra pessoa não fizer o mesmo, relaxar e esperar;
- não abrir mão de ter horários fixos de estudo para todos os dias da semana, porque é "de grão em grão a galinha enche o papo";
- prever pelo menos vinte por cento a mais de tempo para concluir as atividades estudantis, fugindo de atropelos indesejáveis;
- saber que "a pressa é inimiga da perfeição" e que "o apressado é quem não previu a tempo as coisas de que necessita", e agir segundo esse entendimento;
- tentar aprender com afinco e dedicação redobrada para não cair em desalento e nem "abandonar o posto", pois neste mundo os ganhos vão para "quem espera agindo e age esperando".

6

Evite a reclamação

38 Quando o não aprender é problema?

A aprendizagem ocorre se o estudante internaliza "informações" extraídas de bases objetivas (livro) ou subjetivas (viva voz). Apreendidas na subjetividade, as informações podem virar "conhecimentos", que, aplicados nas relações por ele estabelecidas com as pessoas, com a sociedade e com o mundo, torna-se "saber", "sabedoria", passando a habitar a intersubjetividade porque compartilhado, feito algo "comum". No entanto, dificuldades de "recepção" (não concentrar-se para ler, ver, ouvir, perceber), de "integração" (não processamento por meio do pensar) e de "expressão" (problemas com a oralidade e a escrita), entre outras dificuldades que brotam da dimensão emocional humana, podem comprometer a aprendizagem. Quando isso ocorre, qualquer esforço para adquirir conhecimento pode ser em vão, pura perda de tempo, requerendo um tratamento apropriado, até clínico, se for o caso.

39 A saída para quem tem problemas de aprendizagem

A saída para aquele que é gravemente acometido por dificuldades de aprendizagem, pela "dor do não aprender", é procurar o profissional da ajuda, o psicopedagogo, por exemplo, o qual compreenderá o sintoma e fará a intervenção clínica apropriada, uma vez que preparado para isso. Esse procedimento torna a luta por respeito às limitações pessoais menos insana. Como escreveu Arnaldo Antunes para a voz de Marisa Monte: "A dor é minha só, não é de mais ninguém. /.../ Eu tenho a minha dor. /.../ A dor é de quem tem". Se "a dor é de quem tem", não é aconselhável esperar muita empatia. Talvez por haver um grande contingente de pessoas metidas na própria dor, poucos são os "ouvidos" para as agruras alheias. Nesse sentido, Naomi Wolf foi certeira: "a dor é real quando você consegue que outras pessoas acreditem nela. Se ninguém, exceto você, nela crê, sua dor é loucura ou histeria". Uma vez decidido que tem de ser assim, o que esperar dos outros? Então, a dica para o estudante procurar o profissional que entende do assunto é a melhor decisão a ser tomada.

40 O RECLAMAR POR RECLAMAR

O "reclamar por reclamar" é uma postura psicológica incomum, no mais das vezes traduzida no choramingo continuado, sem hora, lugar, nem circunstância, mas sempre um empecilho para o sentir, pensar e agir estudantis. Nessa condição, a pura reclamação se torna tão inimiga da aprendizagem como qualquer outra doença real, biológica ou mental. Além do mais, essa modalidade de lamento expressa uma espécie de querela perpétua com a vida, na forma de narrativa fastidiosa de desculpas, por meio das quais o estudante tenta alguma vantagem com os pais e professores. Para quem acha que "é por aí", a instituição de ensino se torna o muro das lamentações. Ele se acomoda na "queixa". Nada faz. Os professores e demais profissionais da educação relevam ou ignoram. Tudo acaba por isso mesmo, numa tremenda "pizza pedagógica". Há que se ter cuidado e evitar esse dissabor.

41 EVITAR OS LAMENTADORES

A ladainha lamuriosa praticada pelos estudantes pode ser evitada. A lamentação congela o indivíduo nas limitações e enfraquece suas potencialidades cognitivas, relacionais e culturais. Nada aconselhável. O bom aprendizado o é por revigorar o querer, o poder e o fazer, aspectos que o "reclamão" não compreende, não aceita, nem exercita. Quando muito, e negativamente, essa atitude indica falsos responsáveis pelas negligências do aprendiz. Mas, em vez de aderir inadvertidamente ao grupo dos lamentadores, o melhor caminho é sobressair pela produtividade. Nessa perspectiva, o estudante esperto se volta para os conteúdos, sabendo que as relações humanas travadas no ambiente estudantil devem ser positivas ou o meio eficaz à concretização de objetivos devidamente programados. Se essas relações forem negativas, elas se tornam a "pedra no meio do caminho", como disse Drummond.

42 Saber onde pisa

Creio que o estudante não precisa ter medo de estudar o ambiente escolar para compreender o que o envolve. Não raro as reclamações estudantis surgem das mútuas ignorâncias humanas. Mas, conhecendo o universo em que está circulando, a apropriação dos saberes necessários à sua formação poderá ser facilitada porque a intriga, ao abrir espaços para a informação, o conhecimento e o saber, também cede lugar para o entendimento e à harmonia. Desse modo, ainda que nossas escolas, colégios, faculdades, centros universitários e universidades estejam massificados, com grande número de pessoas que não se dão ao trabalho de estabelecer contatos, vínculos e relações, é plenamente possível concretizar a compreensão sobre aquelas pessoas com as quais o estudante convive. Ao saber como elas são, melhor poderá se guiar nas atividades comuns do dia a dia pedagógico.

43 Avalie-se sob critérios racionais

Os lamentos que contaminam negativamente os comportamentos interpessoais e sociais no ambiente estudantil podem ser evitados quase por completo. Por isso, é bom avaliá-los criteriosamente. Com isso, o estudante poderá ver que muitos desses comportamentos só servem para eximi-lo de seus deveres e do envolvimento com o próprio projeto educacional. Se não acrescentam, nem ajudam, o melhor é abandoná-los mesmo. Uma dica é seguir o sistema VB: **V**erdadeiro e **B**enéfico. Se algo é verdadeiro, o melhor é dar a conhecer por meio da palavra, escrita ou oral. Se, além disso, ainda é benéfico, tanto melhor. Se, ao contrário, o que tem a dizer não expressa a verdade, nem é bom, é melhor esquecer. Pois bem! A maioria das queixas existentes no ambiente estudantil pode muito bem ser listada nesse segundo caso, constatação que demonstra como elas são perfeitamente dispensáveis.

44 Para evitar reclamação

Se é contraproducente ficar reclamando pelos cantos, o aconselhável é:

- ➤ evitar viver a sala de aula em função do relógio, mas se concentrar nas atividades propostas para afastar a ocasião de reclamar que "tudo aqui é enfadonho, maçante e cansativo", pois, quando envolvidos, nem vemos o tempo passar;

- ➤ exercitar-se na independência com relação ao professor para fugir da reclamação de que "esse professor é um saco";

- ➤ manter-se atualizado quanto aos conteúdos de que terá de dar conta, evitando a queixa de que "não me sinto preparado para essas atividades propostas pelos professores";

- ➤ não estudar por nota, certificado ou coisa que o valha porque tudo isso é consequência, mas estudar para aprender, crescer e se desenvolver, caso contrário, o estudante terá muito a reclamar quando "tirar" conceitos que poderiam ser melhores;

- ➤ nunca assumir a postura de vencido antes de a batalha terminar para que reclamações como "não dou conta", "é difícil", "impossível", "não é para mim", entre outras, percam as chances de serem proferidas;

- ➤ saber quantas faltas pode ter no período letivo e observar esse detalhe, haja vista que não é de bom tom o estudante pedir ao professor que abone ausências, justificando-as com argumentos rasteiros, tipo "faltei porque minha vó estava internada e eu tive de ficar com ela";

➢ saber que autoestima é para o dia a dia, não apenas para quando a "boa nota" for atribuída, mantendo o amor-próprio em alta visando a favorecer a decisão de evitar a queixa de que "não estou sendo reconhecido, mas, sim, desvalorizado";

➢ ser consciente de que sala de aula é feito irmandade: ninguém escolhe quem a compõe, e de que conviver com "aquelas" pessoas é algo que não dá para mudar, devendo o estudante tirar o melhor das diferenças, aprendendo com elas, sem reclamar "que turminha chata, viu!";

➢ ver se a instituição ensina muita coisa e estabelecer prioridades para seguir em frente, evitando lamentar "não dou conta de tudo o que me é solicitado", consciente de que tudo só é muito para quem não sabe escolher;

➢ viver o que se é naturalmente porque isso fará o estudante deixar de lado a reclamação de que "estou sempre sendo observado, vigiado e controlado pelos profissionais da educação que trabalham aqui".

7

E A VONTADE DE PARAR?

45 O JOVEM NÃO GOSTA DE ESTUDAR?

Para alguns, nós brasileiros formamos uma nação preguiçosa e indolente, que nos contentamos em uma cômoda posição de menoridade em face das outras nações do mundo. Sobretudo porque nossas mazelas sociais, políticas, econômicas, ideológicas, culturais e educacionais parecem infindas, ano após ano, década após década. E a juventude, vista segundo esse mesmo estereótipo e sem canais para veicular o que pensa, também leva essa má fama. Entretanto, há inúmeras vozes fundamentadas, teórica e metodologicamente consistentes, que discordam disso. Um exemplo foi veiculado pelo jornal *Folha de S. Paulo*, versão *on-line*, do dia 15 de março de 2004. A matéria dizia que "a maioria dos jovens brasileiros (80%) estuda, trabalha ou se ocupa de ambas as atividades. Esta é uma das principais surpresas do inédito Índice de Desenvolvimento Juvenil (IDJ), que a Unesco divulga nesta segunda-feira. O estudo derruba o mito de que o jovem não quer trabalhar e não gosta de estudar..." Cadê a preguiça? Onde a indolência? Onde o nosso descaso pelo trabalho e pelos estudos? Cadê a nossa falta de vontade de progredir? O fato é que entre nós há preguiçosos como em qualquer outra parte do mundo. Por essa razão, estudos dessa natureza desautorizam generalizações preconceituosas sobre nós. Até porque a maior parte dos brasileiros vive mesmo é "se ralando" dia a dia, realidade testemunhada à farta pelos estudantes quando convidados a contar suas vidas. Isso deve ser considerado em qualquer abordagem sobre as questões que envolvam a educação formal e o fracasso estudantil, sobretudo em termos de reprovação e abandono dos bancos escolares em todos os níveis.

46 PARAR DE ESTUDAR?

Tudo indica que a juventude gosta, sim, de trabalhar, estudar e se superar para viver melhor, com qualidade de vida e realização pessoal e profissional. Ninguém é maluco a ponto de não querer crescer, se desenvolver e evoluir rumo a uma vida melhor e bem estruturada. Se os estudantes interrompem seus projetos estudantis e abandonam a educação formal é porque, em geral, os descompassos entre "oportunidades ideais universalizadas" e "condições concretas desiguais" fazem com que a desistência se torne a única saída. Portanto, forçada. Para esses excluídos, existe a proposta de resistência ativa por meio da auto-organização, mesmo que seja em pequenas comunidades onde vivem. Em grupo, os estudantes se tornam mais fortes para batalharem por interesses e projetos compartilhados. Mas, como o desenvolvimento do projeto estudantil é um pouco demorado, as dificuldades reais e imaginárias podem se multiplicar. É aí que muitos estudantes ficam travados, chegando à desistência. Entretanto, quem entra nesse jogo logo se arrepende, como mostra outra reportagem, essa do jornal *O Estado de S. Paulo, on-line*, de 15 de março de 2004. A matéria relata o caso de um estudante que abandonou os estudos. Ele disse: "'você sabe como é quando a gente é novo. Todo mundo chama para sair, matar aula, e você vai. Acaba se acostumando a faltar. A galera foi parando de estudar, e eu parei também... Parei porque estava na fase de zoar um pouco. Dei mole. Agora, quero voltar'...". Note que o estudante disse "Dei mole". Pois então, o melhor é fugir desse tipo de situação, e, tanto quanto possível, saber que educação é direito a ser buscado por todas as formas e meios possíveis.

47 SER OU EXISTIR?

Para evitar a "mancada" do abandono dos estudos, combatendo-o da melhor maneira possível, o procedimento eficaz ainda é, sem dúvida, o projeto estudantil escrito, ainda que sem execução ele não valha um tostão. E é preciso mais: fazer autoavaliações para o estudante saber em que "está indo bem" e em que "não está funcionando". Se deparar com necessidades de melhorias, o caso é o da letra de Walter Franco: "Tudo é uma questão de manter / A espinha ereta / A mente quieta / E o coração tranquilo" ao constatá-las e assumi-las como próprias. Mas se a avaliação indicar que existem acertos, ganhos e progressos, o bom é comemorar mesmo, compartilhá-los com as pessoas queridas, amigas e familiares, ainda que a assertividade seja pequena ou incipiente. Isso pode funcionar como antídoto para o desânimo, o fraquejamento e a desistência. E também é bom notar o seguinte: as pessoas neste mundo estão divididas entre as que só "existem" e as que "são". As primeiras estão aí, resignadas na condição de números, e não se preocupam em formar um estilo existencial próprio, voltado para a consolidação de uma identidade singular e interessante, do ponto de vista da autenticidade ontológica. Mas quem se empenha em deixar uma marca *sui generis* na história, autoafirma-se como alguém que sabe a que veio ao mundo. Esse tipo de pessoa toma para si as rédeas da vida e faz história. Vá lá: não custa muito ao estudante adotar postura semelhante enquanto percorre os caminhos da educação escolar e acadêmica.

48 Uma ideia interessante

Naqueles momentos em que tudo parece travar, o desânimo se avizinha e a vontade de parar for um dado real, o que é muito comum em nossa vida, o bom é reavaliar tudo e corrigir o rumo, mas sem abandonar o barco. Se possível, nunca desistir. Prosseguir sempre. Lembrar que todo mundo está sujeito a ter fases adversas nos seus empreendimentos e que o estudante não está imune a isso, mantendo a certeza de que, como diz uma amiga minha bem-humorada, "nessa vida, até uva passa". Sim, e se a crise não for mais que um momento? E se amanhã for realmente outro dia? Pensar nessa possibilidade quando o desânimo espreita o estudante pode ajudá-lo a reencontrar o norte da persistência, até porque, em tudo o que fazemos nessa vida, "nada como um dia após o outro". Ademais, os momentos difíceis existem para nos ensinar alguma coisa. Aprender com eles reforça a determinação de não deixar o barco afundar em outros vendavais. O caminho é se fortalecer para se manter. Se desistirmos com facilidade, aqueles que torcem por nosso fracasso sairão ganhando com a situação. Os perdedores seremos nós mesmos, os menos indicados para viver tal tipo de malogro. Por essas razões, o estudante pode e deve pensar muito antes de tomar qualquer decisão que o encaminhe para fora das salas de aula. Acima de tudo, saber que, se não lutar por aquilo que almeja, ninguém o fará em seu lugar, inclusive na educação formal.

49 Prevenindo a desistência dos estudos

Para concretizar o "estilo ser" e se prevenir contra o "simples existir", tendo motivos para persistir na aprendizagem, o fundamental ao estudante é:

- ➢ arranjar tudo o que for necessário em termos de cadernos, livros e outros instrumentos necessários aos estudos, porque "o descuidar" acarreta "o não executar";

- ➢ bolar uma organização dos objetos pessoais de maneira que nada se perca ou fique em lugar de difícil acesso, uma vez que a não organização é inimiga da produção;

- ➢ curtir os próprios materiais porque deles nasce o domínio dos conhecimentos, condição de possibilidade para continuar se aprofundando no aprendizado;

- ➢ entregar-se inteiro ao projeto estudantil, fazendo dele o guarda-chuva das prioridades, finalidades, objetivos, metas, desejos e necessidades inerentes à própria vida;

- ➢ executar as atividades programadas como quem elegeu com segurança o seu objeto de estudo, mas mantendo o brilho no olhar, porque sem paixão não há evolução;

- fazer avaliações das atividades, atos e etapas concluídas, tanto quanto dos passos dados em direção ao aprender, e mirar os objetivos para melhorar o que pode ser melhorado, não se esquecendo do que fez bem e deu resultado;

- não menosprezar o fato de que "a vaca produz leite porque rumina", encarando o conhecimento como quem reflete sobre o seu sentido, pensa sobre o seu significado e analisa a riqueza e utilidade dele decorrentes, reelaborando-o sempre;

- permitir que informações e conhecimentos imprescindíveis ao próprio crescimento sejam internalizados, incubados, de modo a fazerem parte da própria subjetividade, porque sem isso o estudante não poderá dizer-se portador de saber;

- valorizar cada ideia voltada para a melhoria das técnicas de estudar, explorar conteúdos e apreender, e executá-las para valer, aproveitando sempre as que possibilitem melhores resultados;

- viver o aprendizado como se fosse a primeira e a última vez que estuda, vibrando com a prática social de aprender. Como o estudante poderá reivindicar que o mundo o admire, se ele próprio não admira o que os estudos que realiza lhe revelam?

8

USE A ETIQUETA

8

50 O ESTUDANTE PODE APERFEIÇOAR-SE

Baltazar Gracián escreveu em *A Arte da Prudência* que "ninguém nasce perfeito. Deve-se aperfeiçoar dia a dia, pessoal e profissionalmente, até se realizar por completo, repleto de dotes e qualidades. [Quem assim o faz] Será reconhecido pelo requintado gosto, inteligência aguda, intenção clara, discernimento maduro." Essas qualidades, como requinte, inteligência, objetividade e discernimento, de que fala Gracián, são atributos da pessoa educada, atenta à etiqueta, não para demonstrar frivolidade nos ambientes por onde passa, mas para fazer-se digna do reconhecimento interpessoal. O indivíduo que observa essa indicação é aquele a quem Lin Yutang se referia por ter "os amores e os ódios justos", sem tomar a direção da grosseria, insensibilidade, rispidez, violência, barbárie e tantas outras demonstrações de falta de civilidade e polidez. Nesse sentido, a etiqueta instiga à humanização, à fineza e à leveza sutil. Suas regras existem para facilitar o contato humano no cotidiano, razão pela qual nos arranca da indiferença e nos projeta no coração mesmo dos contatos, vínculos e relações que podemos estabelecer, experimentar e cultivar ao longo de nossa existência. A vida escolar e acadêmica, por exemplo, é um ótimo momento para que esse processo de socialização e interação humana possa ser intensamente desfrutado. Com etiqueta, claro!

51 USAR A ETIQUETA É SER CIDADÃO?

A palavra *etiqueta* tem origem no grego *ethos* e significa pequena ética. Trata-se de um conjunto de indicadores, regras, princípios e normas que possibilita às crianças, jovens, adultos, a homens e mulheres, a convivência harmônica entre si. Nesse sentido, a etiqueta deve se fazer presente à mesa, perante amigos e familiares, na rua, elevador, ônibus, comércio, igreja, e, o que nos interessa mais especificamente, nas salas de aula. Se professor e colegas estudantes foram aleatoriamente colocados lado a lado, maior é a necessidade de uma boa prática da etiqueta para facilitar o convívio e os atos voltados para as atividades de aprender. Não digo que seguir a etiqueta é fazer-se cidadão. Cidadania é algo mais amplo, mais abrangente. A etiqueta é da esfera da micropolítica das relações interpessoais e tem a ver com a fineza, discrição, cavalheirismo, cortesia, cordialidade, diálogo e respeito mútuo. A cidadania refere-se à macropolítica da socialização de maior alcance, motivo pelo qual se refere à ética, justiça, solidariedade, à vida na cidade ou em sociedade em toda a sua grandeza. Por esse motivo, a cidadania tem a ver com a participação na produção e apropriação de bens materiais (relativos à manutenção da vida biológica), culturais (atinentes ao desenvolvimento cultural, da inteligência e do espírito) e sociais (relacionados ao poder político empregado na organização da vida individual e coletiva). Em virtude disso, observar a etiqueta é empregar expressões como "por favor", "muito obrigado", "com licença", entre tantas outras, de modo a tornar a convivência e os contatos humanos mais refinados, sutis e belos, como convém ao educando que vive a socialização no ambiente escolar e acadêmico.

52 A ETIQUETA EMBELEZA AS RELAÇÕES HUMANAS

É lamentável, mas a etiqueta não tem facilitado a que boas relações humanas permeiem o nosso cotidiano. De um lado, existe a necessidade da etiqueta, e ninguém a nega. Por outro, existe o atropelo escancarado de suas regras e normas, fato que contribui para que as desavenças e animosidades deteriorem a vida em comum. É sobre isso que devemos pensar, debater e em relação ao que devemos agir para mostrar que podemos ser mais gentis e solícitos uns para com os outros. Como diz Cláudia Matarazzo em *Etiqueta sem Frescura*, se é verdade que a vida moderna "ficou mais fácil, é preciso tomar muito cuidado mesmo para não nos transformarmos em pessoas medíocres, padronizadas por conceitos de praticidade que muitas vezes destroem completamente pequenas belezas do nosso cotidiano." Embora dicas como essas existam no campo educacional, parece mesmo que nos dias atuais a referência à etiqueta está em desuso, haja vista o fato de vivermos em uma sociedade estruturalmente violenta, exacerbadamente individualista e centrada na competitividade, esses "valores" cruciais para as pessoas e suas relações nas sociedades liberais. Mas o mais preocupante é saber que esses imperativos destrutivos, centrados apenas na dimensão econômica da vida, têm encontrado entrada franca nos portões das instituições de ensino e alcançado as salas de aula, corroendo a fundo a qualidade das relações pedagógicas vivenciadas entre mestres e estudantes, e desses entre si. Isso é preocupante e pede providências.

53 Entre a luta e a troca

Gosto do pensamento de Jacques Ruffié, que afirma: "Quando os homens se encontram, eles muitas vezes lutam, mas também trocam. É essa a aventura da cultura humana". E o que eles trocam? Além de coisas materiais, trocam informações, conhecimentos, saberes, princípios e valores éticos. Esse é o intercâmbio cultural, relativo ao modo humano de ser no mundo. Pois bem. A convivência em sala de aula é uma das poucas modalidades de encontro público mais duradouro que a nossa sociedade possibilita às pessoas. É desejável que essa modalidade de socialização seja amplamente valorizada. É certo que a sala de aula não é perfeita, sobretudo por abrigar indivíduos socialmente segmentados, impedindo que pessoas de classes sociais diferentes se cruzem pelo convívio no interior das instituições de ensino. Apesar disso, a educação formal ainda mantém espaços para as interações humanas que não podem ser colocados em segundo plano. É em meio às situações relacionais que as pessoas se encontram, estabelecem sistemas de troca os mais variados, e lutam, entre si ou somando forças. Tudo isso é formativo. Por isso, tomara que a passagem do estudante pelo percurso da educação formal rumo ao mundo da cultura possa lhe reservar mais trocas a contar do que lutas para descrever. Observando a etiqueta, sempre!

54 A ETIQUETA PODE SER REAVIVADA

Nesses tempos bicudos que vivemos, o indivíduo está preocupado com o "leão" que tem de matar a cada dia. De igual modo vive o estudante, sob a pressão dos estudos. Disso pode resultar um tipo de grosseirismo que impede a convivência sincera, pacífica, livre, equilibrada. Entretanto, para reavivar a etiqueta, o estudante pode tomar a decisão firme de:

> ➤ abusar de expressões como "desculpas", "muito obrigado", "quer ajuda?", "aceita?", "posso?", e de outras tantas que concorram para o estabelecimento da amabilidade entre os componentes da turma;

> ➤ defender os próprios sentimentos porque ninguém fará isso no lugar dele, mas sempre respeitando os sentimentos dos outros, em nome da reciprocidade;

> ➤ evitar comentar a prática pedagógica do professor "A" na aula do professor "B", a menos que seja positiva e contribua para o crescimento de todos, tendo consciência de que correções devem ser tratadas diretamente com quem pode efetuá-las;

> ➤ impedir ser manipulado e evitar manipular os outros, resguardando a boa consciência e a ação voltada para a concretização de contatos saudáveis, dando o melhor de si e extraindo o melhor que colegas e professores podem oferecer;

> ➤ manter viva a simpatia para atrair as pessoas, demonstrando interesse sincero por elas, preocupando-se com o oferecimento de pequenas gentilezas para fazê-las acolhidas ao seu lado;

> ➤ não fazer a outro indivíduo aquilo que não deseja para si mesmo, mas recusar falsas desculpas e nem oferecê-las, porque elas destroem a fineza;

- preparar-se bem para a aula, sabendo que ela é um momento-síntese de seus estudos, com os quais o seu comprometimento é decisivo para que tudo transcorra sem maiores problemas e frustrações;

- relevar deslizes alheios, porque ninguém é perfeito, nem colegas nem professores, e fugir sempre dos jogos de poder, pedindo quando for o caso e disponibilizando o que puder partilhar para praticar a liberalidade;

- ter presença de espírito, porque, em qualquer lugar, a leveza do sorriso e da positividade serena favorece a harmonia e a troca edificante entre quem cultiva a perspectiva positiva, para cima;

- valorizar as ideias das outras pessoas, porque não há apenas um modo de ver ou conceber as coisas, atentando sempre para escorregões nos quais pode incorrer e tentar aperfeiçoar-se a cada dia, como manda a etiqueta estudantil.

9

SEJA AUTÊNTICO

55 O QUE A POESIA E A FILOSOFIA TÊM A ENSINAR?

A poesia talvez tenha algo a nos ensinar sobre autenticidade. Lembro aqui os versos de Fernando Pessoa/Ricardo Reis: "Para ser grande, sê inteiro: nada / Teu exagera ou exclui. / Sê todo em cada coisa. Põe quanto és / No mínimo que fazes. / Assim em cada lago a lua toda / Brilha, porque alta vive." Com essa lição do poeta, passemos a outro campo do conhecimento, à filosofia, para pensarmos sobre autenticidade. Vamos ao filósofo Martin Heidegger, autor de *Ser e Tempo*, um alemão que viveu entre 1889 e 1976, e pensou sobre esse assunto de maneira bem interessante. Em uma formulação livre, mas inspirada em Heidegger, posso dizer que o homem é um ser-no-mundo e possui a tarefa do cuidado de si e de seu entorno. É um ser sempre inconcluso e inacabado, mas dinâmico e capaz de encontrar a razão de ser para a própria existência. O humano não é fixo e imutável igual à pedra. É permanentemente instável e por fazer-se, sempre podendo ser mais. Em virtude disso, ele se autossupera para viver na liberdade. Mas para isso é preciso distinguir a "existência autêntica" da "existência inautêntica" pela identificação de três estados existenciais, quais sejam: de "facticidade", "existencialidade" e "ruína". O de "facticidade" refere-se ao fato de o indivíduo ser jogado no mundo sem escolher essa condição e ter de viver as conjunturas geográficas, sociais e econômicas contextuais. O de "existencialidade" é identificado com a vida interior, pessoal e conscientemente escolhida pelo indivíduo, porque de si mesmo ele não pode escapar. O de "ruína" nomeia a existência de quem se desvia de seu projeto essencial e se confunde com a massa humana alienada, despessoalizada e sem identidade.

56 A AUTENTICIDADE É UM DESAFIO

O estado de "ruína" configura a existência inautêntica, na qual homem e mulher negam-se a si mesmos em proveito dos outros, vivendo como anônimos despersonalizados. Ao contrário dessa impessoalidade de autômatos, a existência autêntica possibilita ao humano colocar-se perante o mundo como revelador do próprio ser, de modo autônomo, mediante a construção do sentido existencial particular, coisa que a pedra não pode realizar. De todo modo, o desafio é irmos além do estarmos jogados no mundo para que apropriemo-nos de nossa vida, evitando a perda de nossa identidade na sociedade massificada para tornarmo-nos autênticos. Podemos fazer isso mantendo a lealdade ao que sentimos, pensamos e aos motivos pelos quais agimos de um determinado jeito, e não de outro. Mas será que podemos viver tudo isso sem que sejamos responsáveis pelas nossas decisões, atos e ações?

57 NÃO É POUCA COISA

Vivemos em uma sociedade inautêntica, falsa, simulada e dissimulada. No filme *O declínio do império americano*, o personagem Rémy expressa uma ideia intrigante: "A mentira é o cimento da vida social". Também existe a afirmação, segundo alguns apreciada por Goebbels, ministro de Hitler, e Lênin, político russo, de que "uma mentira repetida mil vezes transforma-se em verdade". Se assim for, temos de dizer alto e bom som as consequências disso. Mas, particularizando ao caso do estudante, se ele quiser fazer um teste, poderá dizer às pessoas que é adepto da verdade, feito Aristóteles, a quem é atribuída a assertiva de que sou "Amigo de Platão, mas mais amigo da verdade", e perceber a reação das pessoas. Provavelmente ele verá que para ser autêntico e amigo da verdade de seu ser a batalha será hercúlea, sobretudo se quiser evitar a queda na vala da ruína generalizada.

58 A MENTIRA É UMA FORMA DE PRISÃO

Grosso modo, a maneira mentirosa de viver é uma prisão e isso não cai bem em uma pessoa autêntica. Claro! A opção pelo "esquecimento" do que a maioria de nós sente, pensa e faz é muito requerida em nome da formalidade. Entretanto, isso é pedir para não sermos nós mesmos, para não colocarmos o que somos em nossas atividades, vínculos e relações, induzindo-nos a abandonar a ideia de viver alto as dimensões pessoal, social, profissional e humana da existência. E isso, de certo modo, constitui-se em um pequeno assassinato porque, quando nos exigem a inautenticidade, no mínimo, temos de aceitar em nós a morte do direito a sermos inteiros, mesmo na nossa incompletude sempre infinita. Nessa linha, Quintana falou bonito: "Da vez primeira em que me assassinaram / Perdi um jeito de sorrir que eu tinha... / Depois, de cada vez que me mataram, / Foram levando qualquer coisa minha...". Espere um pouco: vamos deixar barato quando isso for conosco?

59 SER AUTÊNTICO É SER REVOLUCIONÁRIO

O relacionamento humano anda muito maltratado em nossa sociedade, fundada no egoísmo do modelo de vida consumista, na falta de referenciais de uma ética pública que dê um mínimo de garantias a que as relações sociais se desenvolvam mais ou menos seguras. Muitas vezes, até aquele "mínimo ético" indispensável à manutenção da vida humana é relegado ao segundo plano, passando a valer os diversos tipos de forças de que nós, humanos, dispomos, mas de modo atravessado: econômica, ideológica, política, cultural e até mesmo a das armas. Além disso, é espantoso o quanto essa sociedade deseja a submissão individual, muitas vezes valendo-se de todo um aparato repressivo contra o qual as pessoas se sentem indefesas. Perante essa situação, chegamos a um ponto, e espero não estar exagerando, em que ser o que somos é um novo jeito de ser revolucionário. Disso parece não haver escapatória: seremos autênticos ou assujeitados? Talvez a primeira via não seja fácil, pois quando vivemos em meio a pessoas inautênticas, quem ousa ser o que é pode parecer estar sendo inautêntico. Mas, queiramos ou não, essa é uma questão a ser enfrentada.

60 Vale a pena ser autêntico

Se o estudante compreende que é importante qualificar como autêntica e verdadeira a vida estudantil, é bom atentar para as ideias que seguem:

- a autenticidade pode ser garantida se ele se mantiver seguro em face dos próprios interesses, assumindo sempre o que deseja para si e lutando pelo que quer;

- é indispensável não se fechar no medo, engano ou traição, coisas que podem levar à mentira e à falsidade, quando o bom mesmo é viver o que se é;

- limitações pessoais variadas são outra armadilha para a inautenticidade, muitas vezes conduzindo à mentira de projetar nos outros os pontos fracos que o indivíduo não quer aceitar;

- optar pela autenticidade faz com que naturalmente pessoas verdadeiras sejam atraídas para o círculo de amizade pessoal, mas primeiro é preciso ser autêntico;

- preguiça também pode levar à inautenticidade, uma vez que "cabeça vazia é oficina do diabo" e pode conduzir a maquinações para se escapar das próprias responsabilidades;

- quando incapaz e necessitado de autopromoção, o estudante pode vir a cometer o engano de assumir para si as conquistas de colegas e professores, mesmo sabendo que evitar a impostura é possível porque, em última instância, cada um pode valer-se de sua própria luz;

- se a autenticidade impacta as pessoas, a falsidade, também, mas o efeito da falsidade vem depois, ao passo que a verdade provoca a compreensão instantânea das coisas, uma vez que a falsidade ofusca e a verdade ilumina, fato que pode ajudar o estudante a superar o medo da verdade;

- ser autêntico e amigo da verdade não é questão de mera vontade, mas decisão por um estilo existencial fundado na liberdade que enseje a preferência da ação e que realize o próprio ser perante professores e colegas de classe, atitude que sempre vale a pena;

- ser verdadeiramente o que se é traz satisfação a si e aos outros, além de ser sinal de coragem e de desbancar a mentira, atitude que leva a pessoa autêntica a assumir de peito aberto as próprias falhas e limitações;

- viver verdadeiramente para gerar reconhecimento e sabedoria, além de boas realizações, paz e harmonia nas relações estudantis, evitando a inautenticidade da ruína e fazendo-se autêntico, na liberdade do ser alto e inteiro, pode ser o caminho seguro para a autorrealização.

10
Entusiasme-se

61 É CHATO VIVER MORTO

Como é chato viver com quem vive morto! Melhor é partilhar a vida e nossos projetos com pessoas que cultivam o entusiasmo. Mas... o que é mesmo entusiasmo? É da junção dos termos gregos *theos* (deus) e *en* (dentro) que vem a palavra entusiasmo, cujo significado quer dizer "deus dentro". Politeístas, os gregos identificavam como entusiasmadas as pessoas possuídas por alguma de suas divindades ou forças sobrenaturais. Essa era a condição de possibilidade a que tais pessoas realizassem feitos extraordinários. Entusiasmado por Zeus, por exemplo, o supremo do Olimpo, o indivíduo poderia interferir nos fenômenos atmosféricos, guiar nuvens e controlar tempestades. Em uma outra possibilidade, se tivesse a deusa da lua Selene dentro de si, o sujeito seria capaz de conduzir os homens à experiência direta da luz lunar, levando o humano a suplantar suas limitações e impossibilidades. Desse modo, deixar-se entusiasmar seria para os gregos o caminho seguro para a resolução de problemas corriqueiros do dia a dia e até de questões existenciais mais complexas. Podemos ou não aprender com isso?

62 O ENTUSIASMADO É OTIMISTA?

Entre nós, o termo entusiasmo é empregado para nomear a automotivação ou força interior que supera limitações pessoais, lançando-nos para além do simples otimismo ou da frágil filosofia do pensamento positivo. A pessoa entusiasmada difere sobremaneira daquela que é apenas otimista. A segunda acredita na possibilidade de algo dar certo, ao passo que a primeira faz a coisa certa acontecer. Entusiasmo implica escolha, decisão, ação. Por isso, o entusiasmo combina com outras palavras, tais como veemência, exaltação, paixão, dedicação, garra, disciplina, persistência, tenacidade, determinação e ação. E a lista continua: crença em si mesmo, criatividade, avanço, melhoria e inventividade atuante. Nesse sentido, não há como ser entusiasmado "deitado eternamente em berço esplêndido", como o Hino Nacional Brasileiro anuncia. É no agir que o entusiasmo se objetiva, porque é força dinamizadora de nossas potencialidades construtivas mais elementares, de nossos pendores para as transformações de que necessitamos para irmos à frente e fazermos um percurso de vida diferenciado do daqueles que se entregam ao fatalismo e à derrota. O entusiasmado vence porque não arreda pé da ideia que alimenta, das metas traçadas para si e do plano com o qual se envolve, executando-o do começo ao fim. Ele sabe o que quer, como quer e age de maneira coerente para não frustrar os próprios projetos, desejos, sonhos e aspirações.

63 Entusiasmo é autoafirmação

O entusiasmo é um estado de afirmação pessoal, fundado na crença de que "sou capaz daquilo que desejo, sei e quero". E não há lugar mais carente de entusiasmo do que a escola, colégio ou faculdade, espaços normalmente dominados pelo ceticismo e pela crítica acerba às capacidades realizadoras dos seres humanos. Já notou que essas instituições tentam padronizar tudo, incluindo as pessoas uniformizadas e seus modos de pensar, sentir e agir? Percebeu como isso é estar no "meio", é ser "medíocre", no sentido etimológico do termo, do latim *mediocre*, que significa "mediano", "meão", "ordinário"? Por isso, é preciso esforço redobrado para evitar que essa mediocridade seja vivida como maneira obtusa, cega e bitolada de existir, de ser e estar no mundo, sofrendo a história, e não sendo um de seus autores. Mas, pior do que ser mediano, é a atitude de certos estudantes que se arrastam, ano após ano, em nossas instituições de ensino, sempre "caindo pelas beiradas", "entregando as pontas" ou "jogando a toalha", até mesmo antes de o jogo da aprendizagem terminar. Parte deste "desentusiasmo" vem da própria sociedade, que desvaloriza a pessoa dedicada aos estudos e premia aqueles que preferem "ter" a "saber". Evidência disso é o fato de que o modelo de homem bem-sucedido existente entre nós nem sempre é o do bem-educado, mas daquele que soube vencer economicamente na vida, segundo os imperativos das sociedades liberais ou de mercados capitalistas. Mas, sem conhecimento, que estilo de vida seria possível? O saber não é mesmo a base para tudo o que pensamos, planejamos e executamos, visando a produzir, construir e desfrutar uma melhor qualidade de vida?

64 Quem são as pessoas interessantes?

Depois de conviver em sala de aula com milhares de aprendizes, compartilho com os estudantes a certeza de que vale a pena esse esforço para colocar vibração em nossas atividades. Já percebeu que não reputamos interessantes as pessoas que não cultivam o brilho no olhar? Energizar a vida estudantil com entusiasmo motivador favorece a decisão de viver com intensidade, algo parecido ao que disse George Bernard Shaw: "A vida não é uma vela curta para mim. É um tipo de tocha esplêndida à qual estou segurado pelo momento, e quero fazer com que ela queime tão brilhantemente quanto possível antes de passá-la para as próximas gerações". Não é marcante uma pessoa que pensa a vida nessa direção?

65 Qual é o caminho do estudante?

Penso que cabe ao estudante notar o valor da ousadia de ser entusiasmado. De nada adianta o querer vagamente concebido, o sonhar por sonhar, a mera aspiração, mas sim "pôr a mão na massa". Nesse sentido, sabendo que a vida estudantil entusiasmada pode levar o estudante a alcançar seus objetivos, metas e finalidades, em um caminho venturoso, é interessante observar as dicas que seguem:

➢ a apatia é inimiga do entusiasmo e deve ser combatida pelo estudante com persistência diuturna em meio às atividades que programa, ou tem de enfrentar, por decorrência de seus compromissos, uma vez que ser fatalista é se entregar de bandeja a um derrotismo que para nada contribui;

> acreditar que, se levar até o final os projetos pessoais com o devido entusiasmo, bons frutos poderão ser o "algo a mais" com relação àquilo que se espera de um estudante;

> aprender a imprimir nos estudos uma cota redobrada de vontade àquela que geralmente o estudante experimenta: essa poderá ser "a" diferença em meio a tanta resignação voluntária;

> avaliar o quão deprimente é ir para as atividades estudantis de todos os dias como alguém que o faz para "cumprir tabela", satisfazer a vontade alheia ou por mera obrigação, conscientizando-se de que o bom mesmo é estudar por escolha própria;

> já percebeu que o que é feito sem força de vontade planejada se torna uma amolação, sobretudo quando o aprendiz não tem um projeto de vida e acaba por aceitar que terceiros digam a ele como ele dever ser, pensar, sentir e agir?;

> listar os pontos fortes e fracos de que é portador, notando aquilo que pessoas mal-intencionadas tentam colocar nas cabeças estudantis a título de limitações que seguramente não integram seus perfis é uma boa atividade: fantasiar ser menos do que é se torna um empecilho a que o entusiasmo aconteça;

> pensar no quanto vale o saber que está adquirindo com os estudos e não desgrudar os olhos da possibilidade de alcançar mais e melhores aprendizados em seu percurso estudantil no ensino médio e superior são outros lances fundamentais;

> uma coisa é certa: ter maior facilidade ou maior dificuldade nos estudos depende do modo como o indivíduo os encara, pois se se acha bom ou ruim, de qualquer modo que se autoconceber a razão estará com o estudante;

> vale a pena se dedicar a algo que não desperta o brilho no olhar, só para satisfazer as expectativas que a sociedade ali-

menta com relação a cada um de nós, sem a consciência de que a vida estudantil é um projeto pessoal?;

➢ viver entusiasticamente, pois o entusiasmo pertence à lista dessas coisas que concorrem para que a existência tenha a qualidade do valor: coisa que ninguém pode fabricar, vender ou comprar, uma vez que está à disposição de todos e que todo mundo pode ter. Entusiasme-se!

11

Como estudar?

66 A concentração

Existe estudante que parece sofrer a síndrome do gato encantado: não para em lugar nenhum. Ele abusa e exagera no direito de ir e vir. Transita pela sala, vai à cantina, passa no banheiro, volta ao pátio, circula pelos corredores. Faz uma conversinha aqui, outra acolá. Em sala, vive conversando paralelamente. O celular, que deveria estar desligado, toca. Em casa, telefone, internet e televisão, tudo o distrai. É preciso cuidado porque a falta de concentração traz perdas irreparáveis. Se o caso é grave, o melhor é procurar ajuda profissional. Se for uma questão comportamental de superfície, o jeito é mudar por conta própria. Para isso, basta o desejo de cooperar consigo mesmo, com os colegas e com o professor.

67 A internet é ferramenta

A internet é uma ferramenta e tanto quando tudo o que se quer são dados e informações. A tentação é a conversa virtual e a navegação sem propósito definido, que consomem um tempo precioso. Para evitar esse tipo de coisa, é bom planejar com antecedência a pesquisa na rede, passando ao largo das páginas abertas, que não oferecem confiabilidade, e explorando os sítios especializados, que publicam materiais realmente fidedignos. Agora, isso é para colher material que ajude a pensar e a elaborar os próprios estudos ou trabalhos. Baixar textos completos e usá-los como se próprios fossem, sem normalizá-los como manda a Associação Brasileira de Normas Técnicas, a ABNT, nem pensar! Isso é plágio. É crime.

68 Encontrando o livro certo

Livro certo não é o que pretensamente traz "a" verdade sobre determinado tema ou assunto. Livro certo é aquele que foi recomendado, indicado ou adotado como leitura básica ou complementar. Normalmente as sistemáticas de catalogação das bibliotecas não são muito diferentes, mas saber como é a da instituição que o estudante frequenta contribui, e muito. Porém geralmente ele terá de fazer a busca por uma destas pistas: título, autor, assunto ou número específico da obra. Se se enrolar, não titubear em pedir ajuda aos bibliotecários, normalmente solícitos e atenciosos. Eles oferecerão o catálogo da biblioteca, indicarão a sistemática de busca nos terminais de computador e levarão o estudante à obra procurada.

69 Estudar documentando

É bom registrar os dados da obra com as transcrições a serem citadas no trabalho: SOBRENOME, nome do autor (sobrenome em maiúsculas, nome sem destaque). **Título** (em **negrito** ou *itálico*, no computador; e sublinhado quando for escrito a mão): subtítulo da obra (sem destaque). Nome do tradutor (se houver). Edição (número da edição, sem o "ª", porque pode haver mudanças entre uma e outra, na abreviação "ed.", em minúsculas seguida de ponto). Local de publicação (cidade sede da editora): ano em que a edição foi publicada, número da página de onde o trecho foi extraído. Isso é documentar. Exemplo: MOSSÉ, C. **Atenas**: a história de uma democracia. Trad. J. B. da Costa. 2. ed. Brasília: Ed. da UnB, 1982, p. 77. É indispensável que o estudante faça isso para não perder informações. Depois, quando for redigir o trabalho, ele deve citar os pensamentos ou conceitos que melhor corroboram, fundamentam, sustentam ou esclareçam o assunto ou tema investigado.

70 FAZER ANOTAÇÕES

Se colher dados e informações sobre um assunto é importante para que o estudante realize seus trabalhos escolares ou acadêmicos, fundamentando-os consistentemente do ponto de vista teórico, então ele transcreve pequenos trechos do conteúdo que se presta para isso, fazendo os registros correspondentes para a devida documentação. No entanto, ao participar de aulas, palestras e outras modalidades de comunicação escolar, filosófica ou científica, o importante é fazer anotações. Aí entra a capacidade de "assoviar e chupar cana", pois o estudante deve ouvir o expositor e, ao mesmo tempo, anotar o essencial daquilo que é comunicado. Com treino e persistência, cada um encontra uma maneira de lidar com essas exigências. O importante é tomar nota do que é elementar, esquematicamente, de modo a estruturar a introdução, o desenvolvimento e a conclusão do tema apresentado.

71 LIDAR COM O VOCABULÁRIO

Cada ramo do conhecimento tem um jargão próprio, formado pelos vocábulos ou termos técnicos específicos que expressam seus objetos e quadros teórico-metodológicos. É o caso do "economês", "informatiquês", "filosofês", dentre outros. Dominar os termos científicos, filosóficos, artísticos ou técnicos de cada campo é imprescindível a que o estudante pratique um discurso rigoroso, além do senso comum. Isso irá acontecendo aos poucos, à medida que for ouvindo os profissionais da área ou do curso que escolheu. No entanto, o incremento do universo vocabular pode ser feito com muita leitura ou consultando, diuturnamente, os dicionários ou livros de termos especializados. Fazer isso o tempo todo é uma boa pedida.

72 O DUVIDAR

O filósofo francês René Descartes (1596-1650) fez da dúvida um método de pesquisa filosófica e o seguiu à farta. Hoje empregamos perguntas ou questões que orientem estudos e pesquisas em nossas academias. Exemplo: Piaget (1896-1980) era biólogo, mas pesquisou muito para responder à seguinte pergunta: "Como o sujeito epistêmico funciona?" Ou seja: "Como o ser humano aprende?". Notou? A dúvida não deve ser um estado *ad eternum*, para o estudante se congelar na ignorância pelo resto da vida. A dúvida deve servir de ponte para o saber. O que pode ser feito mediante o emprego do sistema PR = **P**ergunte-**R**esponda, de modo objetivo, simples e consequente. Nesse sentido, a dica é não temer fazer perguntas, antes, durante e depois das aulas. Desse modo, o aprendizado dará um salto bem maior.

73 O TER CERTEZA

A certeza refere-se ao domínio teórico-prático de um determinado assunto, objeto ou exercício profissional. Já imaginou alguém diante de um médico que diz: "Bem! Vamos ter de submetê-lo a uma delicada cirurgia, mas não tenho certeza de que sei executar a contento os procedimentos necessários para que tudo corra bem". Fala sério! Esse alguém se submeteria à cirurgia? Então, certeza não é arrogância, nem fanatismo, do tipo que coloca o sujeito como dono da verdade diante do qual o mundo está errado. A certeza é fator que potencializa a capacidade pessoal de abordar um assunto ou executar uma tarefa mediante o "saber" (teoria) e o "saber fazer" (prática) apropriados e conformes à verdade e à bondade (ética), em processos operacionais diários, sem os quais a vida humana não se manteria.

74 Praticar autoavaliações

Na vida, em geral, e na estudantil, em particular, nada pior do que o sujeito se ver perdido, confuso, tonto, sem saber para onde está indo, em que ponto do caminho se encontra e o quanto tem de andar para chegar onde quer estar. Para que isso seja evitado, é preciso que se pratique a autoavaliação periódica. Por ela, tomamos conhecimento de nossas fraquezas e de nossas forças, além de podermos corrigir o que estiver ao nosso alcance e reavivar em nós aquilo no que tendemos a mostrar maior assertividade. Nesse sentido, é aconselhável que o estudante tome como parâmetros avaliativos os seus objetivos, associando a eles os prazos e atividades programadas para analisar a própria produção. Depois disso, fortalecer os pontos fracos detectados, promovendo as melhorias naquilo que couber.

75 Seguir o próprio ritmo

Contra a ideia de que "devagar se vai ao longe" há afirmação de que "devagar demora mais". Então: o estudante deve acelerar ou ir devagar? Que ritmo deve seguir? Como resolver essa questão? Aí, nem o conselho aristotélico de que "a virtude está no meio", que, de fato, não funciona em tudo na vida, ajuda. A solução está no ritmo pessoal, próprio. E ritmo é aquilo que a pessoa encontra quando não mais dá conta de fazer algo com outra velocidade. Segui-lo é o melhor que o estudante tem a fazer. Com essa decisão, não importa o quanto ele terá de tentar, acertar e errar. O importante é o estudante estar sempre a postos, em dia com os estudos e pronto para colher os frutos que o aprendizado pode oferecer.

12

Como aprendemos?

76 Tipos de aula

No meu tempo de graduação, costumávamos dizer que tínhamos basicamente três tipos de aula: vermelhas, amarelas e verdes. As aulas verdes abriam passagem para o conhecimento: toda a turma entendia o que ela significava. As amarelas barravam nossa travessia para o saber: só o mestre entendia. As aulas vermelhas eram caóticas: nem o professor nem os estudantes chegavam à compreensão de seu significado. Entretanto, independentemente da cor, a aula tem o *antes*, o *durante* e o *depois*. Merecem cuidados porque boa parte de nossas vidas nós passamos sentados em bancos escolares e universitários. É impressionante ver estudantes pensando poder levar de qualquer jeito as aulas a que assistem. Aliás, não deveriam assistir, mas tomar parte, chegar junto, ser corresponsáveis pelo bom andamento dos trabalhos com os quais se envolvem os colegas e o professor. Ser ativo é fundamental.

77 Antes da aula

O *antes* da aula deve ser dedicado à preparação do tema do dia, por meio de leituras e outras modalidades de exploração de conteúdo. É impagável aquele tipo de estudante que chega "perdido", "boiando", "voando" ou "viajando na maionese" em sala de aula. Parece que ele caiu de outro planeta. O comum é ele ficar completamente indiferente às atividades desenvolvidas. Quando menos se espera, ele ensaia uma participação no debate, mas sem "se tocar" que ali "rola" um assunto sobre o qual ele sequer tomou conhecimento. Daí para as perguntas estapafúrdias, sem nexo e simplórias, é um pulinho. Outras vezes, até intenta tomar para si alguma atividade executada em sala, mas a falta de preparo o deixa sem lugar, como um peixe fora d'água. A preparação no *antes* de toda aula serve para evitar esse tipo de constrangimento, além de prevenir o desperdício de tempo, energia e dinheiro.

78 Durante a aula

O *durante* da aula deve ser preenchido com atividades que levem o estudante a se envolver com o tema explorado por meio do interesse sincero, participação consequente e responsabilidade consciente. Para tanto, a indicação é perguntar, debater e registrar o essencial no caderno de anotações. Ademais, é sinal de educação evitar fazer coisas que incomodem, atrapalhem ou perturbem o bom andamento dos encontros, lembrando-se de que a aula é o desenvolvimento de um raciocínio e que o professor investiu muito para ter domínio sobre ele, em longos anos de estudo. Isso não custa. Afinal, a turma tem direito ao melhor que a aula, o professor e os colegas podem render. Já parou para pensar na quantidade de recursos e investimentos que são necessários para que uma aula possa acontecer? Ademais, se for para se ver em meio a um processo de qualquer modo, o melhor mesmo é não comparecer. A vida é muito curta para ser pequena, para não ser vibrante, e a aula é (deveria ser) um momento nobre na vida de todos nós. O melhor é vivê-la com gosto e intensidade.

79 Depois da aula

O *depois* da aula deve ser destinado à revisão do conteúdo, à elaboração de fichamentos, esquemas, mapas conceituais e resenhas escolares e acadêmicas de textos estudados. A atitude de "se desconectar" no pós-aula termina por comprometer o desenvolvimento da aprendizagem, uma vez que nesse abandono a consolidação do aprendizado deixa de acontecer, sobretudo aquele que teve início desde a preparação para a aula do dia. Se isso ocorre, é como se os eventos em sala não tivessem acontecido. Entretanto, toda aula é a sequência de uma anterior, que engatilha uma próxima, razão pela qual o entreaulas deve ser gerenciado como um tempo para estudos. Do contrário, não faz sentido falar de aprendizado contínuo, cumulativo, pessoal, global e intransferível, como de fato é todo o aprender saudável e levado a sério. Aí o sentido da revisão: ela é a continuação do trabalho de sala e consolida o que o estudante pôde aprender perante os colegas e o professor.

80 MANTER O APRENDIZADO CONTÍNUO

Se dedicar o "antes" para a preparação, o "durante" para a participação e o "depois" da aula para a consolidação dos conteúdos, os estudos se encaminharão bem. Se encarar esses momentos como se fossem estanques, em que um não tem nada a ver com o outro, o aproveitamento ficará aquém do desejado. Para fugir disso, o estudante que quer ser esperto deve valorizar o aprendizado contínuo, a ser mantido com gosto e prazer constantemente alimentados. Mas os estudantes gostam de estudar? Alguns poucos, não! O jornalista Juarez Fonseca, autor de *Ora Bolas: o humor cotidiano de Mario Quintana*, relata que o primeiro autor que Quintana traduziu para a Editora Globo foi Giovanni Papini, isso lá pelos idos de 1930. Daí em diante, a produção do poeta como tradutor não parou mais. Certo dia, a Globo, confiante na competência de Quintana, passou-lhe a tarefa de traduzir o difícil Proust, empreitada em meio à qual o gaúcho das letras comentou com o pessoal que o empregava: "Estou gostando tanto de traduzir Proust que, se tivesse dinheiro, eu que pagava para vocês..." Talvez seja esse tipo de gosto aquilo que falta a certos estudantes de hoje em dia.

81 O QUE JUSTIFICA O ATO DE ESTUDAR?

A prática social do estudante existe não por ele em si, mas porque pessoas ao redor dele contam com contribuições eficazes para a resolução dos problemas que enfrentam. Por isso, falamos de sentido social da aprendizagem, que extrapola o âmbito da comunidade e passa a ter significado também para a sociedade. Pensando nisso, se sua rotina de aprendiz não tem sido marcada por esse estilo continuado de estudo, pergunte-se o que está faltando para empreendê-lo concretamente. Se necessário, faça a adequação que julgar conveniente. O importante é o crescimento estudantil. O que interessa é o ato de aprender.

82 Como reavivar o gosto pelos estudos?

Há modos de reavivar o encanto pela vida estudantil, a ponto de o aprendiz não deixar nada a desejar em suas atividades no "antes", no "durante" e no "depois" das aulas. Para tanto:

- antes da aula, procurar ter todos os materiais requisitados e estudar os conteúdos do dia como se fosse o responsável por ministrá-los e, se necessário, fazer pesquisas adicionais para ampliar a visão sobre o tema;

- atentar para o fato de que a preparação é uma constante na vida das pessoas exitosas, pois é o que traz segurança quanto ao saber e sobre a prática diferenciada;

- buscar adiantar-se ao professor no momento da preparação para a aula e usar o período em sala para debater com ele, extraindo do mestre tudo o que ele puder oferecer em termos de conhecimentos, saberes e experiências;

- construir listas de perguntas, questionamentos e problemas a serem apresentadas ao professor, prevenindo-se para que o convívio em sala de aula não se torne um dissabor;

- *durante* a aula, apresentar efetivamente ao professor as perguntas, questionamentos e problemas listados, com naturalidade e vontade de aprender, mas sem arrogância, na certeza de que o bom mestre sempre terá prazer em ajudar;

➢ fazer da aula um momento de vivência do saber, tendo presente que a relação pedagógica deve ser o foco do aprender, pois é por meio dela que experiências podem ser socializadas;

➢ gerenciar a participação pessoal nas atividades de sala de aula, de modo a fazer a situação de ensino-aprendizagem funcionar a favor do aprendiz, abortando qualquer ideia de tumultuar, dificultar ou impedir o desenrolar das atividades;

➢ praticar o hábito de anotar, esquematizar e mapear o que estuda em função da aula, mantendo-se em dia com todas as disciplinas para estar sempre "pronto" a que os mestres "apareçam" e potencializem o crescimento do aprendiz;

➢ revisar cada conteúdo no qual o estudante se debruçou para se preparar e de cujo desenvolvimento participou, entendendo que a aula é o desenrolar de um raciocínio, assim como a disciplina é o desenvolvimento de um pensamento mais amplo;

➢ viver a vida estudantil como se a aula fosse o núcleo aglutinador de todas as ações que leva a cabo e como o momento em que tudo passa a fazer sentido, incluindo as atividades extraclasses.

13
LER, ESCREVER E DEBATER

83 A DICA DE RILKE

O poeta Rainer Maria Rilke (1875-1926) nasceu em Praga, Áustria - Hungria, e morreu em Valmonte, Suíça. Pois bem! Certa vez ele recebeu a carta de um jovem que queria conselhos sobre como escrever poesia. Conselho mesmo Rilke ofereceu pouco, mas, em meio a uma boa correspondência enviada àquele aprendiz de poeta, há dicas úteis para nós que lidamos com as letras. Essas dicas foram publicadas pela Editora Globo, sob o título *Cartas a um Jovem Poeta*. Cito um trechinho delas aqui. Rilke escreveu: "Viva os livros um momento, aprenda neles o que lhe parecer digno de ser aprendido, mas, antes de tudo, ame-os. Este amor ser-lhe-á retribuído milhares de vezes e, como quer que se torne a sua vida, ele passará a fazer parte, estou certo, do tecido de seu ser, como uma das fibras mais importantes, no mais das suas experiências, desilusões e alegrias". Viver os livros! Isso é tudo!

84 A BOA FORMAÇÃO

Não creio em boa formação escolar e acadêmica se o educando não se dedicar a adquirir a capacidade de ler e escrever, completando-as com o debate das ideias com as quais depara todos os dias. Claro que vivemos na atualidade graves momentos históricos, marcados pela despolitização e pela "confusão dos espíritos", como dizia Milton Santos (*Por uma Outra Globalização*), em que o neotecnicismo emerge como a única alternativa educacional possível. No entanto, precisamos pensar sobre o significado político dessa centralidade tecnicista. Se projetarmos o olhar um pouco além desse predomínio técnico, voltado à ideia imediatista de só "formar para o mercado", então poderemos encontrar um sentido para as práticas sociais da leitura, escrita e debate. Trata-se de tarefas para a pessoa autoconcebida de modo integral e um desafio a todo estudante consciente, cujo projeto o lança mais à frente daquilo que é esperado de quem se faz trabalhador, proprietário ou consumidor em nossa sociedade.

85 Por que lemos pouco?

Como alerta Ezequiel Theodoro da Silva, quando as pesquisas indicam pouca leitura por parte das pessoas, constatamos a desvalorização de uma forma importante de criação, o embotamento da imaginação pessoal e coletiva, o empobrecimento do pensar, querer e saber. Mas é preciso dizer que negar o direito à leitura é fechar o acesso a um caminho decisivo à inserção no mundo da cultura, de humanização e consciência política. Precisamos denunciar as razões pelas quais lemos pouco. E se ficamos aquém nessa atividade, é pelo fato de não formarmos o hábito da leitura, pelo motivo de que o cotidiano familiar e da educação básica oculta o poder do ato de ler. Além disso, lemos pouco pelos fatos de que os livros são caros, não reputamos como importante o trabalho e o prazer de ler e não entendemos bem a função social da leitura para a interpretação das representações sobre o real.

86 O que é preciso para escrever?

Por questões de competência pessoal, escrever deveria ser uma rotina na vida estudantil. No entanto, esse poderoso instrumento de mobilização de ideias e conceitos tem sido tão mistificado, que alguns chegam a pensar que só o gênio pode utilizá-lo. Mas escrever é tarefa para o simples mortal. Muitas vezes, questão de sobrevivência mesmo. Só é preciso ter paixão pelo objeto, sujeito, assunto ou tema sobre o qual escrever. Veja como Isaias Pessotti, escritor e ex-professor titular de psicologia da Faculdade de Medicina da USP de Ribeirão Preto, descreveu isso em *Aqueles Cães Malditos de Arquelau*: "E, forçosamente, comecei a pensar no homem que projetara toda a obra. Que motivo tivera? Que sonhos teria ao construí-la? Quem teria sido esse misterioso 'bispo vermelho'? Provavelmente uma busca nos arquivos da cúpula diocesana de Casele poderia esclarecer a identidade desse homem. Mas não era bem a sua carteira de identidade o que eu queria naquele momento. Era a sua visão de mundo, da vida, da arte. Ou, talvez, nada disso. Era a paixão que o teria motivado a edificar esse palácio." A paixão de escrever buscando a paixão do sujeito. Fenomenal!

87 LER MUITO AJUDA A ESCREVER BEM?

Não adiante pensar que ler muito faz alguém escrever bem. Ler e escrever são processos complexos e distintos, ainda que, de certo modo, transversalizados. Para praticar a escrita de modo que ela cumpra a função de potencializar relações humanas e sociais mais bem qualificadas, é preciso se exercitar na escrita. Caneta no papel ou dedo no teclado: escrever! Nesse sentido, o estudante pode lançar mão de tudo o que o auxiliar: manter diários pessoais, redigir cartas, reelaborar textos alheios com um toque pessoal, tentar materializar em palavras as coisas abstratas dos sentimentos, pensamentos e emoções, fazer paralelos de posições teóricas conflitantes e dar-lhes um sentido discursivo, além, é claro, de executar as escritas solicitadas pelos professores. Isso tudo ajuda o aprendiz a melhorar a escrita.

88 A FUNÇÃO DO DEBATE NA VIDA ESTUDANTIL

Quanto ao debate, é importante saber que ele é um ótimo caminho para consolidarmos os saberes que circulam no meio estudantil, escolar e acadêmico. É o medo de se expor, de atravessar ideias, de fracassar, engasgar ou gaguejar que afasta o estudante dessa prática formativa. Mas esse temor pode ser superado. Entre os vários exemplos de personalidades históricas que tiveram dificuldades de falar, discursar e tomar parte em debates, talvez o insuperável seja mesmo o caso de Demóstenes, filósofo e político grego que viveu entre 384-322 a.C. Era gago, um péssimo comunicador, mas persistiu. Fez inúmeros exercícios de fala andando na praia, com a boca cheia de pedrinhas para forçar a fluência verbal. Dizem que ele chegou ao ponto de raspar metade da cabeça só para ter vergonha de sair de casa e ficar mais tempo praticando oratória. Não é que ele conseguiu? Hoje, Demóstenes é considerado o maior orador, não apenas de sua época, mas de toda a Antiguidade grega.

89 Há lugar para a educação integral?

Em tempos de desencantos com a educação, de discursos únicos, de silêncios vários, de esvaziamento político-ideológico geral e de neotecnicismo a proposta de uma educação mais humanista, como a que defendo, pode soar utópica. No entanto, sem isso a vida perde a graça. Que seria de nós se a realidade ante nosso olhar fosse todo o possível? É nessa direção que se encaminha a justificativa para as práticas de ler, escrever e debater, entre tantas alternativas que existem por aí e que podem ser bem aproveitadas pelo aprendiz.

90 Ler, escrever e debater podem ser melhorados

Nesse sentido, note o que segue:

- ➤ a leitura pede um objetivo e tê-lo é decisivo para ler bem, seja de modo geral (primeira leitura), analítico (trabalhado) ou sintético (de compreensão final), sempre se perguntando: "O que quero compreender ao fazer esta leitura?";

- ➤ é por meio das atividades decodificadoras (leitura) e codificadoras (reescrita narrativa, descritiva e dissertativa) que o estudante se apropria do objeto estudado e do que ele representa, os quais podem e devem se entrecruzar;

- fazer do escrever um jeito de realizar objetivos claros e simples, pois todo texto existe para cumprir uma finalidade e a escrita estudantil não foge dessa regra, seja para ele registrar os próprios pensamentos ou dar mostras de que domina um assunto;

- não complicar, mas procurar objetividade, simplicidade, precisão, clareza e naturalidade ao escrever, sem deixar de ser o que se é;

- nunca escrever sem ter planejado a exposição por meio de uma boa introdução, de um desenvolvimento sólido e de uma conclusão consequente;

- querer ampliar a compreensão ao debater assuntos em sala de aula é fundamental, mas sem dogmatismo, porque existem visões diferentes sobre um mesmo assunto;

- registrar os aspectos essenciais dos textos, ideias-chave, conceitos centrais, teorias cruciais, tudo aquilo sem o qual o texto lido não se mantém de pé;

- ser esperto ao usar a palavra porque, às vezes, o melhor é se calar;

- viabilizar atos produtivos de leitura, escrita e debate é uma responsabilidade e tanto, razão pela qual não se deve apenas esperar que as oportunidades para isso aconteçam, mas conquistá-las sempre, dia após dia.

14

Teoria, prática ou práxis?

91 O QUE É TEORIA?

Nenhum estudante escapa dessa questão. Então, vamos lá. O termo grego *theoria* nomeia o ato de olhar, especular. Teoria é visão. Uma forma de enxergar. Um modo de ver o real, os seres, fenômenos, a sociedade, o mundo, a humanidade. Muitas vezes, a teoria é contraposta à prática, com o sentido de conhecimento divorciado da vida, meramente especulativo. No caso da ciência, filosofia e artes, teoria é o sistema de ideias que explica a realidade. Por isso, no ensino médio e superior, o estudante é apresentado a essas visões sistemáticas e metódicas sobre a realidade, razão pela qual dominá-las é o que justifica o ato de estudar. Por ser essa a especificidade da educação formal, de nada adianta tachar uma aula de "muito teórica". Uma aula, a menos que seja prática, tem mesmo que dar ênfase à teoria.

92 O QUE É PRÁTICA?

No livro *Não Espere pelo Epitáfio*, Mario Sergio Cortella conta que o melhor *graffiti* que já leu foi o que ficou muito tempo nas paredes da Universidade Católica de São Paulo. O tal *graffiti* dizia: "Para curar um amor platônico, nada como uma transada homérica!" Em certo aspecto, essa frase denuncia a atitude de alguém que, supervalorizando a teoria, as ideias, a abstração e a fantasia, não se preocupa com a ordem prática da vida. Mas teoria e prática são faces da mesma moeda: a realidade. A prática tem a ver com a intervenção concreta no real, de modo particular quando estudamos, pesquisamos, lemos, escrevemos ou debatemos. Sua etimologia, do grego *praktiké*, ou do latim *practica*, indica ato ou efeito de usar, praticar, proceder, costume e rotina. Denomina, ainda, o conhecimento resultante da experiência. É, enfim, a aplicação da teoria. Aqui, *teoria* e *prática* às vezes aparecem seccionadas. Teoria torna-se abstração racional. Prática exprime o "corpo a corpo" com o real. Por isso, Wiliam James (1842-1910), psicofilósofo norte-estadunidense, entendia que o critério da verdade era a utilidade prática, porque o agir é mais importante que o pensar. "Aquilo que prende a atenção determina a ação", dizia ele. Mas a pergunta é: assim como apenas visão não é solução, a prática com fim em si mesma não acarretaria a cegueira conceitual?

93 O QUE É PRÁXIS?

Práxis é o agir. Assim como *visão* e *uso* implicam a ação, *práxis* compreende e une *teoria* e *prática*. Tanto é que, para Karl Marx (1818-1883), *práxis* designa as ações pelas quais os homens transformam a natureza e, ao mesmo tempo, a si mesmos, autoproduzindo-se ao produzirem, por exemplo, uma mercadoria. *Práxis* significa a experiência vivencial teórico-prática. É o caso da aula. Nela, o estudante entra em contato mais com a teoria, a qual torna presente o ausente ou a realidade que explica. Por seu turno, a aplicação implica a explicação do real. Para nós, humanos, seres de visão-execução, teoria e prática são dimensões da dinâmica relacional que mantemos com o mundo, pois "vemos agindo e agimos vendo". Ou será que podemos agir sem termos a visão apurada daquilo sobre o que atuamos?

94 TEORIA, PRÁTICA E O APRENDER A APRENDER

Noto que a recusa à teoria em nome da prática muitas vezes é sustentada pelo imperativo pedagógico ativista do "aprender a aprender". Segundo essa visão, não haveria ensino porque não existiriam conteúdos que um professor pudesse ensinar. Em vez de transmitir conteúdos, pede-se ao professor que auxilie, facilite e estimule o aprendizado que o estudante realiza por conta própria. Sim, o "aprender a aprender" acarreta a visão de que somos autodidatas. Assim, não precisamos de mestres. Cada um constrói o próprio conhecimento. Vale o pragmatismo do desenvolvimento de competências e habilidades no estudante. Quanto aos conteúdos, que ele os aprenda por si mesmo. Nessa perspectiva, se o professor enfatiza o conteúdo, logo o estudante reivindica o ativismo prático. Estará ele com toda razão?

95 Para que serve a relação pedagógica?

Não tem jeito mesmo de o professor fazer a transferência do que ele sabe "conectando" a própria cabeça à do estudante. Porém é altamente questionável o individualismo do "aprender a aprender", assim como o autoritarismo da pura transmissibilidade docente. O que conta é a relação entre quem "sabe mais" e quem "busca saber mais". É nessa relação epistêmico-pedagógica (didático-matética) que o ensino (*ensinare*, marcar com um sinal) e o aprender podem acontecer. Aí vale a sociabilidade. Por isso, o ensinar e o aprender devem ser compartilhados. Aí a mobilização de conteúdos teórico-práticos faz sentido. Se o estudante é autodidata, porque segue indo à escola? Se o professor não ensina, porque professores continuam a existir? Então, não é o caso de centrar-se no "eu aprendo", nem no "eu ensino", mas no "nós" ensinamos e aprendemos. Aliás, não é isso o que acontece a toda pessoa, desde que vem ao mundo? Se não houvesse o mútuo aprendizado, o que seria de uma criança abandonada à própria sorte? Ela se humanizaria? Ela aprenderia a ser gente? Por isso, a palavra que cimenta esse mutualismo didático-matético é responsabilidade, em que ambos, professor e estudante, tiram proveito da relação pedagógica que vivenciam.

96 É possível comer do próprio pão?

Se o aprendiz é visto como autodidata, então ele que se vire com o mundo e as coisas as quais lhe dizem respeito e viva o recrudescimento de um individualismo cruel. Se o professor é concebido como o portador do saber, então ele se distancia do aprendiz, torna-se inacessível. Se ambos estabelecem relações de troca, baseadas no respeito e em limites interpessoais, então aí o vínculo pedagógico se estabelece, sob a égide da responsabilidade. Do contrário, o individualismo continuará a isolar cada um dos lados, adulto e novas gerações, em seus mundos, distanciados, solitários, sem a interatividade e partilha das coisas da vida e do saber. Creio que isso pode ser combatido, até porque vivemos uma época carente de companheirismo, ou seja, de pessoas com a capacidade de comerem do mesmo pão.

97 Em nome do mutualismo pedagógico

Immanuel Kant disse que "o homem é aquilo que a educação faz dele". Sim, mas não "de si, por si e para si" somente. O filhote humano cresce exatamente por se relacionar com os adultos. É com eles que o novato vai aprendendo a ver o mundo (teoria), a fazer coisas (prática) e a agir no mundo (práxis). Isso desautoriza o autodidatismo estudantil, como reprova o autoritarismo docente. Pede, ao contrário, a relação responsável, a qual possibilita o desenvolvimento compartilhado entre professor e aprendiz. Por isso, seria bom para o estudante:

> ➤ avaliar criticamente o "aprender a aprender" e o ensino autoritário do mestre, que pensa tudo saber, porque é no mutualismo responsável que nos educamos;

> ➤ buscar o melhor proveito da interação com os mestres: não é isso o que acontece em casa, quando observarmos, imitamos, "pegamos o jeito" em meio aos adultos?;

> ➤ compreender que se o mestre se igualar epistemologicamente ao aprendiz ele não poderá contribuir para o crescimento discente;

- entender que aptidão, desejo, interesse e prontidão não são "cartas brancas" para que o estudante obtenha tudo dos professores, os quais deve respeitar;

- fazer da relação com pais, professores e demais adultos um meio para aprender, crescer e se desenvolver, sem birra, chantagem ou capricho pessoal;

- garantir a si mesmo uma boa relação com os adultos que possuam o saber da experiência, o qual pode ser apreendido pelo estudante mediante trocas variadas;

- manter a postura de quem precisa aprender, porque, na vida, sempre haverá alguém que sabe alguma coisa a mais e melhor do que o estudante;

- priorizar o programa de cada disciplina assim como o professor assume as próprias atribuições, a fim de que o ensinar e o aprender tenham objetivos compartilhados;

- respeitar a si mesmo como diferente em relação ao professor, que deve saber mais para puxá-lo "para o alto" da ciência, das artes, da filosofia e da cultura, uma vez que falsa ignorância não contribui para nada;

- valorizar o professor como diferente porque a diferença não é boa nem ruim, mas característica, sabendo que, se transformar essa diferença em indicativo de desigualdade, aí sim, a relação pedagógica estará comprometida e a permuta em termos de conhecimentos não poderá ocorrer de modo tranquilo.

15

A COMUNICAÇÃO EFICAZ

98 O QUE É COMUNICAÇÃO?

O termo latim *comunicare* significa *pôr em comum*. Mas o que o estudante põe "em comum" na escola, colégio e faculdade? No percurso da escolarização, o estudante deve "comunicar" coisas particulares: expectativas, aptidões, aspirações, desejos, necessidades, projetos e sonhos. O outro conjunto de coisas é conceitual: ideias, pensamentos, teorias e sistemas que explicam fenômenos, seres, relações, enfim, a realidade. Para isso, existe a apresentação oral, atividade que requer algumas destrezas, o tipo correspondente de "saber fazer", executar. É nessa hora que o medo e a timidez podem ser superados, porque essa tarefa pode ser feita apesar do temor e do acanhamento. Com uma boa preparação e ensaio isso é plenamente possível. Aí, "fazer comunicando e comunicar fazendo" poderá ser um grande diferencial. Não esquecer o exemplo de Demóstenes, o comunicador grego, inicialmente, péssimo comunicador, gago, que se fez o orador mais brilhante da Antiguidade grega.

99 COMO PLANEJAR A APRESENTAÇÃO ORAL?

O planejamento da comunicação estudantil, acadêmica, pressupõe três elementos essenciais: emissor, mensagem e receptor. O emissor tem de estar seguro, a mensagem tem de ser clara e relevante e o receptor tem de ser respeitado e seduzido, coisas a alcançar mediante respostas a três perguntas: "O que quero transmitir (conteúdo)?"; "Como vou transmitir esse conteúdo (metodologia, meios, recursos)?"; "A quem endereçar essa mensagem (público-alvo, plateia)?" O conteúdo e a forma da mensagem devem ser harmonizados desde a introdução, mantendo-se equilibrados no desenvolvimento e assim chegar ao desfecho. Um roteiro caprichado deve trazer o objetivo que o estudante quer alcançar e os passos detalhados que seguirá em sua exposição. Ainda no roteiro, a fala estudantil deve receber um título sugestivo, que sintetize a ideia da apresentação. A distribuição do conteúdo deve ser feita em tópicos breves e ilustrados a fim de enfatizar os pontos-chave da mensagem. Prever, ainda no roteiro, os recursos que facilitem a veiculação das mensagens, tais como *flip-chart*, retroprojetor, cartaz, vídeo e televisor, *power point*, e o que mais estiver disponível, além do material de apoio a ser distribuído aos participantes. Ser francoatirador não dá.

100 Como se preparar para executar a fala?

O roteiro é o mapa da apresentação. É bom tê-lo sempre por perto, a começar pelo ensaio da fala para que o estudante tenha noção do próprio desempenho e das correções cabíveis a serem feitas antes da apresentação. Se diante de pessoas que contribuam com sugestões de ajustes, melhor. Além disso, providenciar tudo. Por exemplo: ver se o texto da apresentação está revisado e se traz introdução, desenvolvimento e fechamento, permeados por ilustrações pertinentes e pela indicação dos recursos a serem utilizados. Quanto ao "ambiente", checar: posição da mesa, distribuição da plateia, disposição da aparelhagem, pontos das tomadas, computadores e som, entre outros. Se for usar computador, manter o conteúdo da apresentação gravado em dois disquetes, além de uma cópia escrita, e uma outra, ainda, em folhas transparentes para um possível emprego do retroprojetor se o computador vier a não funcionar. Segundo as leis de Murphy, "se alguma coisa pode dar errado, dará. E mais, dará errado da pior maneira, no pior momento e de modo que cause o maior dano possível". Para o comunicador, o pior momento é sempre aquele em que se vê diante da plateia.

101 FAZER O CONHECIMENTO CIRCULAR

Comunicação não é luxo, nem castigo. É necessidade. De nada adianta saber um assunto profundamente, se tudo fica restrito ao mundo de quem o detém, o que é puro egoísmo. Fazer circular conhecimento é vivenciar a socialização cultural necessária à educação pessoal e daqueles com quem o estudante convive, razão pela qual ele pode e deve ser um comunicador. Sem comunicar os saberes como os da ciência, filosofia, artes e tecnologia, as pessoas ficam privadas de instrumentos conceituais para melhor resolver os problemas que enfrentam. Quando socializado, o conhecimento deixa de ser privilégio e se torna ferramenta, justificando a prática social de aprender. Se o estudante visar a essa finalidade, então estará no caminho certo, evidenciando que não nasceu para ser apenas "mais um".

102 O QUE É ESSENCIAL EM UMA BOA COMUNICAÇÃO?

No "planejamento": organizar o conteúdo, prever os recursos, elaborar o material de apoio, imprimir o roteiro, checar o ambiente, vistoriar as instalações, testar a aparelhagem, reservar o local, se for o caso, e não esquecer as outras coisas relacionadas com o evento. Na "execução": ser pontual, amável e abrir a apresentação anunciando o tema, o assunto, o problema que será discutido, além de deixar claro o objetivo pretendido, desenvolver o conteúdo e encerrar a fala. Na "avaliação": distribuir aos participantes o questionário em que cada pessoa possa assinalar se os objetivos anunciados no início da apresentação foram realmente alcançados no desenvolvimento dela. É bom que o orador também faça a autoavaliação, comparando seu roteiro com o que efetivamente fez ao abrir a exposição, explorar o tema e encerrar o trabalho. Por fim, atentar para as dicas dadas a seguir:

- ao dispor o conteúdo, usar cores e figuras para facilitar a compreensão da mensagem, registrando uma ideia de cada vez e ligando-as de modo lógico, de maneira a desenvolver um grande raciocínio ao longo da apresentação;

- ao longo da exposição, encadear os raciocínios como se fizesse uma corrente, com ideias saindo das anteriores e se estendendo às próximas, deixando o medo para trás à medida que o enfrenta com determinação;

- durante a apresentação é bom ser legível na escrita, isto é, empregar um tamanho de letra que o último da plateia possa ler, e audível na voz, usando o microfone para isso, falando com clareza, simplicidade, objetividade, logicidade e concisão;

- envolver assistência com o assunto, sabendo que as pessoas "visuais" aprendem pelos olhos, as cinestésicas, pelo sentir, e as auditivas, pelo ouvir, razão pela qual os estímulos devem ser variados para alcançar a visão, a audição e o emocional das pessoas, as quais devem desfrutar uma posição central durante a fala;

- fazer bem a introdução, contextualizando o tema, o problema, o objetivo, o modo como será desenvolvida a exposição e desenvolvê-la com segurança e naturalidade, realçando os pontos centrais do conteúdo, encaminhando os trabalhos para um desfecho feliz, com os objetivos concretizados e os resultados no bornal;

- prever o que falar no roteiro da apresentação, visualizando-o como um mapa, pontuando os momentos de interação com a plateia, evitando despejar informações sobre ela, mas dialogar com as pessoas, além de iniciar e terminar no prazo anunciado;

- relacionar-se bem com o público por meio de uma atitude simpática, natural e até empática, possibilitando que o conteúdo possa ser algo "comum" entre orador e assistência ao final da apresentação: simpatia gera simpatia, motivo pelo qual se o estudante estiver com algum problema sério, é melhor guardar isso só para si, mas não se esquecer de que, às vezes, brincar com as próprias fragilidades pode ajudar na consolidação da autenticidade, além de, muitas vezes, divertir o público;

- saber que tom é altura e ritmo é velocidade da voz; que a voz não deve ser nem lenta ou baixa, nem veloz ou alta; ela deve expressar o modo natural pelo qual o orador conversa, inclusive usando o microfone apenas para ampliar o seu alcance, e a três centímetros da boca, com movimentos equilibrados, sem se fazer "orador estátua" ou o "orador peixe elétrico": tipos impagáveis que ninguém merece;

- ter finalidades claras, saber o que transmitir, visar a resultados pretendidos de maneira objetiva, espontânea, direta, assertiva para evitar os vícios do "né", "hãm", "tá", "anrãm", "uhhhh", "então", "compreende?" e assemelhados, sempre empregando adequadamente o olhar, a roupa, gestos e respiração, pois nada mais desconfortável do que um orador esbaforido, perdido em seus passos e com roupa a denunciar falta de bom senso, sem a mínima sobriedade;

- zelar para que os ruídos não atrapalhem a emissão e a recepção das mensagens, a qual deve cumprir a finalidade de informar, com graça e brevidade, além de acrescentar conteúdos à plateia, concretizando o ensinar e o aprender, sem aquele falatório evasivo que não contribui, sempre deixando a sensação de "quero mais".

16
Participação em Eventos Científicos

103 Superando o "aulismo"

Da escola infantil à universidade, o "aulismo" parece predominar. Mas a educação pode se estender para além da sala de aula. O ensino superior, por exemplo, deve se basear na "pesquisa", "extensão" e "ensino". Ensino para fazer o saber circular. Extensão para que o conhecimento seja aplicado em benefício da sociedade. Pesquisa para produzir novos conhecimentos que renovem o ensino e a extensão. Se desde o ensino médio o estudante for encaminhado a práticas extracurriculares, no ensino superior as coisas ficarão mais fáceis.

104 A divulgação científica

Os conhecimentos que circulam em projetos de ensino, pesquisa e extensão podem ter outros canais de socialização. Para isso, existe a divulgação científica, por meio de colóquios, conferências, congressos, encontros, fóruns, lançamentos, mesas-redondas, oficinas, seminários, simpósios, palestras e *workshops*, entre outros.

105 O que é uma conferência?

A conferência é feita por uma autoridade em um assunto que merece divulgação a uma plateia numerosa. Para que transcorra bem, a conferência tem de ter um presidente de mesa para apresentar o conferencista e coordenar os trabalhos, do início ao final do evento. O modo de participação no debate em uma conferência pode ser por escrito ou oralmente.

106 O QUE SÃO CONGRESSO E SIMPÓSIO?

Congresso e simpósio são reuniões periódicas, com tema central e subtemas interligados. Uma comissão organizadora preside esses eventos, com atividades que vão da admissão de trabalhos, inscrição de participantes, distribuição de temas, horários e pessoal de apoio, até a emissão de certificados. Um conjunto de regras deve orientar a participação de todos.

107 O QUE É UM COLÓQUIO?

Colóquio é a apresentação de uma conferência ou grande palestra apresentada por um ou mais especialistas em um tema ao qual eles podem agregar contribuições e esclarecimentos fundamentais. Requer que os expositores sejam reconhecidos nacional e internacionalmente, por sua produção científica, filosófica ou artística. Por isso, o debate com eles é rico.

108 O QUE SÃO ENCONTRO, FÓRUM E SEMINÁRIO?

Encontro, fórum e seminário se parecem com o congresso. São congressos em importância e tamanho reduzidos. Neles há a permuta de informações, socialização de resultados de pesquisas, práticas, inovações, troca de experiência e debates de ideias.

109 O QUE É LANÇAMENTO?

Lançamento pode ser de livro, revista ou exposições variadas. Nesse evento ocorre a apresentação, geralmente mais informativa, sobre o objeto do lançamento. Pode haver debate e aquisição dos produtos lançados, permeada por breve convívio social.

110 O QUE É MESA-REDONDA?

É um evento que reúne especialistas para debaterem um assunto novo ou polêmico. Quando aberta ao público, a mesa-redonda permite o debate por meio de perguntas e considerações sobre o tema abordado. Fechada, apenas os membros da mesa discutem entre si.

111 O QUE SÃO PALESTRA, OFICINA E *WORKSHOP*?

A palestra é destinada a um público pequeno, mas informado sobre o assunto a ser apresentado em até cinquenta minutos. Um coordenador conduz o debate. A oficina e o *workshop* têm características parecidas: enfatizam a prática, a aplicação, o exercício ou execução de operações concretas, procedimentos de uma nova técnica, implantação de um programa e assemelhados. Se a aula teórica enfatiza o "saber", a oficina e o *workshop* realçam o "saber fazer".

112 COMO PARTICIPAR DE EVENTOS CIENTÍFICOS?

O estudante pode tomar parte em eventos científicos como participante ou como apresentador de trabalhos acadêmicos por ele realizados. Nessa segunda modalidade, é imprescindível que ele apresente um assunto que domine, sob a assessoria de um professor, tais como comunicação, informe, *poster*, oficina, entre outros. Vale a pena participar e aprender com a polifonia acadêmica desses eventos porque eles possuem um alto potencial formativo.

113 OS EVENTOS ENRIQUECEM O CURRÍCULO?

Os eventos científicos ou acadêmicos enriquecem sobremaneira o currículo pessoal e profissional. No mínimo, quem participa assiduamente desses acontecimentos evidencia estar "antenado" e atualizado sobre o que acontece em sua área de estudo e atuação. Terminar o curso e não ter nada no *curriculum vitae* é o fim. O mais sensato é ir estudando e, *pari passu*, compondo o histórico formativo pela inserção no meio em que escolheu para atuar.

114 DIVERSIFICAR O CURRÍCULO

Superar o aulismo, como pode ser visto, não é algo impossível. Basta ter abertura de mente e visão. Nesse sentido, vale a vontade pessoal do estudante de compor um currículo de graduação o mais diversificado possível. Isso, quando bem administrado, não forma apenas a base do prestígio pessoal e profissional, mas dá consistência teórica e prática a quem se destina à convivência social qualificada, à prática profissional competente e ao engajamento em vivências de cidadania que contribuam para o fortalecimento do nosso senso de nação.

115 DICAS VALIOSAS SOBRE OS EVENTOS

➢ a apresentação de trabalho normalmente obedece a um regulamento próprio e será viabilizada a contento se o estudante se inscrever em um campo que conheça, sob a orientação de um professor interessado e competente;

➢ a cada semestre o estudante pode pesquisar os eventos programados dentro de sua área, ou correlatas, para os doze meses seguintes, tomando ciência das normas de participação e apresentação de trabalhos, a fim de planejar sua inscrição;

➢ a participação em eventos deve ser administrada, lançada em um currículo, evento após evento, a fim de compor um memorial formativo bem qualificado;

➢ buscar informações na instituição de ensino e em outras instâncias sobre como viabilizar financeiramente a participação em eventos é uma decisão inteligente e viável;

➢ como a universidade exige produção docente, há professores que forçam a barra quanto à produção discente, mas o melhor é não cair na "vassalagem acadêmica";

➢ conversar com professores e outros profissionais da área em que o estudante está se formando ajuda a escolher os eventos que melhor canalizem os esforços formativos complementares;

➢ evitar a tentação de ir a eventos para fazer turismo, o que não pode ser mais que uma atividade complementar discreta, não o objetivo principal de andanças improdutivas por cidades e *campi* universitários Brasil afora;

➢ gastar tempo na preparação do trabalho que será apresentado no evento concorre para que o estudante evite fiascos indesejáveis diante de plateias altamente críticas e intolerantes com trabalhos feitos de qualquer jeito, sem pé nem cabeça;

➢ investir na participação em eventos é uma decisão para quem tem um projeto de vida e, inserido nele, um programa de formação pessoal, profissional, social e humano, razão pela qual demanda visão de curto, médio e longo prazo sobre as pretensões do estudante;

➢ viabilizar a participação em eventos científicos como alguém que não busca apenas formação técnico-profissional, mas como quem almeja uma formação mais ampla, a de um intelectual que sabe o sentido social da ciência e a relevância dela para a resolução dos problemas humanos. Isso é elementar.

17
O PROJETO DE PESQUISA

116 O QUE É PROJETO DE PESQUISA?

O projeto consiste na sistematização de um conjunto de atividades voltadas para a produção do conhecimento (inédito no doutorado), em partes agrupadas nos elementos "pré-textuais", "textuais" e "pós-textuais". Os elementos "pré-textuais" são: capa, folha de rosto e sumário. Os "textuais" são: introdução, justificativa, objetivos, metodologia e cronograma. Os "pós-textuais": referências bibliográficas, apêndices e anexos. O projeto é solicitado no ensino superior como pré-requisito obrigatório para a elaboração do trabalho de conclusão de curso na graduação, do trabalho de conclusão da especialização, da dissertação no mestrado e da tese no doutorado. O projeto orienta o estudante nas fases de execução e avaliação da pesquisa ao responder às questões: "O que pesquisar?" (introdução). "Por que pesquisar?" (justificativa). "Para que fazer a investigação?" (objetivos). "Onde, como, com que e quando pesquisar?" (metodologia). "Quem fará a investigação?" (sujeitos envolvidos no projeto).

117 COMO DISPOR OS ELEMENTOS PRÉ-TEXTUAIS?

Os elementos pré-textuais são dispostos como o indicado a seguir. A capa traz o nome do autor no alto da folha, o título e o subtítulo no meio, o local e a data abaixo dela, tudo centralizado e em letras maiúsculas. A folha de rosto repete os escritos da capa, mas deve apresentar uma nota entre o título (ou subtítulo) e o local (cidade da instituição de ensino à qual o projeto será apresentado), grafada na metade à direita da folha, indicando o que é e a que se destina o projeto. O sumário consiste na listagem dos títulos das partes do projeto, como um brevíssimo resumo dos conteúdos que nomeiam. A palavra "sumário" é grafada no alto da folha, centralizada, em negrito e em maiúsculas, tudo o mais nessa folha é justificado.

118 Elementos textuais: como fazer a introdução?

No projeto escrito, a introdução é a primeira parte a ser lida pelos avaliadores, mas a última a ser escrita pelo estudante, porque só depois de concluído o projeto é que é possível dizer algo significativo sobre ele. Deve deixar claro o que é o projeto ao indicar o tema (objeto de estudo), problemática (questões norteadoras da investigação), objetivos (o que se quer com o estudo), metodologia (o caminho a ser seguido para alcançar os objetivos), resultados esperados (contribuições que podem resultar da pesquisa). Tudo isso serve para contextualizar o projeto de modo geral, sem entrar em especificidades, as quais devem ficar claras ao longo do plano de pesquisa. Uma boa introdução deve familiarizar o leitor com "o que" será feito a título de pesquisa ou investigação, evidenciando no que ela consiste.

119 Elementos textuais: como fazer a justificativa?

Se a introdução serve para esclarecer "o que" é a pesquisa, a justificativa se presta a sustentar "por que" ela deve ser feita. Para tanto, o estudante evidencia a validade do problema a ser solucionado, ressaltando a relevância científica dele e a importância social que ele apresenta, fazendo ver que os motivos para a realização da pesquisa são plausíveis, sejam de ordem prática ou teórica. Desse modo, o estudante deve fundamentar consistentemente o problema de pesquisa com base em autores cuja teoria foi legitimada pela comunidade científica. Aí uma possibilidade é descrever o problema adotado nas perspectivas "cronoteóricas", evidenciando como ele está sendo debatido por ocasião da proposição do projeto. A isso podemos dar o nome de "estado da arte" da pesquisa. Isso significa contextualizar o problema ou questões da pesquisa, o que contribui para enunciar soluções provisórias para a problemática formulada e para proceder à delimitação do objeto de estudo.

120 ELEMENTOS TEXTUAIS: COMO ELABORAR OS OBJETIVOS?

Os objetivos respondem pela pergunta "para que fazer a pesquisa?" Para tanto, são formulados o objetivo geral e os objetivos específicos. O objetivo geral indica aquilo que o pesquisador quer com todo o trabalho, aquilo a que aspira com a pesquisa em sua totalidade ao final da execução de seu projeto. Os objetivos específicos apontam o que é almejado nas etapas intermediárias da pesquisa ou investigação. Nessa perspectiva, a elaboração do objetivo geral e dos objetivos específicos implica a utilização de verbos no infinitivo, uma vez que a sua execução terá início em um momento posterior. Por isso, esses verbos podem ser assemelhados a estes: compreender, conhecer, analisar e demonstrar.

121 ELEMENTOS TEXTUAIS: COMO DESCREVER A METODOLOGIA?

A metodologia responde pelas perguntas relativas ao "onde", "como", "com que" e "quem" tem a ver com o projeto. Onde será feita a pesquisa? Se a pesquisa for bibliográfica, será nos livros. Se for empírica, será de campo. Como serão executados os procedimentos de pesquisa? A resposta descritiva a essa pergunta deixa claro quais serão os procedimentos de colheita de material, sua organização, sistematização, análise, discussão e apuração de seus resultados. Que recursos e materiais serão empregados na investigação? Isso deve ser esclarecido, uma vez que pesquisar é investir dinheiro e empregar materiais permanentes e de consumo. Quem fará a pesquisa? Aí é preciso registrar os sujeitos da investigação, as pessoas e instituições graças às quais a pesquisa poderá ser concretizada. Desse modo, uma boa metodologia traça o caminho que o pesquisador percorrerá para concretizar a pesquisa (percurso, pista, trajeto e trajetória), bem como as técnicas de que lançará mão ao longo dela (como fará a caminhada, da formulação do problema à sua solução). Se método é o caminho, técnica é o modo como o pesquisador o percorrerá.

122 ELEMENTOS TEXTUAIS: COMO FAZER O CRONOGRAMA?

No cronograma o estudante aborda o "quando" da pesquisa, dispondo as atividades necessárias para a realização da investigação e estipulando todos os prazos correspondentes. No ensino superior, há calendários anuais e semestrais, razão pela qual o cronograma deve se adequar aos prazos da instituição onde o trabalho terá de ser avaliado. O cuidado com a boa associação "atividades"-"prazos" serve para evitar atropelos ao longo da pesquisa.

123 ELEMENTOS PÓS-TEXTUAIS: AS REFERÊNCIAS BIBLIOGRÁFICAS

As referências bibliográficas de um projeto de pesquisa são a relação descritiva do conjunto de obras usadas para fundamentar teórica e metodologicamente o projeto, para fazer a sustentação conceitual da proposta de pesquisa e estabelecer o seu estado da arte. Essa listagem, seguindo as normas da ABNT, deve ser organizada pelo sistema alfabético, com cada referência ocupando um parágrafo específico, justificado. As referências bibliográficas e a *webgrafia* deste livro podem ser tomadas como ilustração de referenciação das obras utilizadas no trabalho. Atentar para o fato de que "bibliografia" é outra opção em relação às referências bibliográficas e inclui obras que não foram efetivamente citadas no trabalho.

124 ELEMENTOS PÓS-TEXTUAIS: APÊNDICES E ANEXOS

Os apêndices e anexos são materiais que complementam ou esclarecem alguma passagem pontual do relatório de pesquisa quando esta é concluída para ganhar a forma de trabalho de conclusão de curso de graduação, trabalho de graduação interdisciplinar na especialização, dissertação de mestrado ou tese de doutorado. Os apêndices são materiais que o autor da pesquisa elabora a fim de reforçar algum ponto de seu trabalho. Os anexos são materiais que, não sendo de autoria do pesquisador, cumprem as mesmas finalidades dos apêndices.

125 PARA QUE SERVE UM PROJETO DE PESQUISA?

O projeto de pesquisa é requisito parcial obrigatório para a elaboração de vários trabalhos acadêmicos, sobretudo para a conclusão da graduação, especialização, mestrado e doutorado. Trata-se de um trabalho que se destina à avaliação, passível de aprovação e reprovação. Desse modo, todo cuidado é pouco. Harmonizar conteúdo e forma, com bom senso, capricho, rigor e competência é a melhor coisa a fazer. Para tanto, usar no projeto as normas da ABNT, pois são internacionalmente reconhecidas e pensadas para dar praticidade e cientificidade à organização, sistematização e divulgação do conhecimento produzido no âmbito acadêmico. Sem divulgação, um conhecimento deixa de cumprir a sua função social, mas seu primeiro passo é mesmo o projeto. Saber fazê-lo é algo que não dá para adiar.

18
Trabalhos acadêmicos

126 O QUE SÃO TRABALHOS ACADÊMICOS?

Trabalhos acadêmicos são os produtos da execução de projetos de pesquisa ou de estudos solicitados pelos professores no ensino superior. Têm início com a colheita de material teórico, relativo ao tema ou assunto proposto, passam pela organização lógica e sistematização analítica em processos redacionais e são formatados de modo que os avaliadores possam lê-los sem sobressaltos. São eles: tese de doutorado e dissertação de mestrado em cursos *stricto sensu*, trabalho de graduação interdisciplinar em cursos de especialização *lato sensu*, trabalho de conclusão de curso na graduação e trabalho didático nas disciplinas do currículo de um curso superior. Fora o trabalho didático, todos têm uma estrutura comum: elementos pré-textuais, textuais e pós-textuais. Devem ser digitados em papel formato A4 branco e em tinta preta, exceto as ilustrações, com página configurada em centímetros: 3 para as margens superior e esquerda, 2 para a direita e a inferior. Os corpos das fontes (tamanho das letras), *arial* ou *times new roman*, podem ser: 10 para notas, citações, ficha catalográfica, nota destinatária, legendas e assemelhados, 12 no restante do texto e 14 para títulos e subtítulos. O espaçamento entrelinhas é de 1,5 em todo o texto, com exceção das notas, citações, ficha catalográfica, nota destinatária, legendas e demais textos, que devem ser formatados em espaço simples. O texto é justificado e hifenizado, com parágrafos de 1,25cm na primeira linha. Na dúvida, consultar as NBR (Normas Brasileiras Registradas) da ABNT.

127 O QUE É TRABALHO DIDÁTICO?

O trabalho didático tem a finalidade de fazer com que o acadêmico evidencie ao professor como está aprendendo os conteúdos da disciplina ministrada por ele. É solicitado para complementar as avaliações costumeiras, como prova ou teste, entre outras no dia a dia da sala de aula. Trata-se daquele trabalho que o professor propõe no afogadilho da lide acadêmica. Muitas vezes, ele é escrito a mão e dentro da própria sala de aula. É um tipo de trabalho que dispensa maiores formalidades. No entanto, deve trazer um cabeçalho bem detalhado no alto da primeira folha, incluindo: instituição, departamento, curso, período, turma, disciplina, professor, estudante, seguidos de data, título e texto por meio do qual o estudante introduz, desenvolve e conclui a exposição, além de registrar as fontes bibliográficas utilizadas. O trabalho didático não precisa ser digitado, mas deve ser organizado, limpo, arejado. Conteúdo e forma têm de ser bem articulados, pois o manuscrito ilegível põe tudo a perder.

128 Trabalhos acadêmicos: elementos pré-textuais

Em trabalhos acadêmicos, os elementos pré-textuais compreendem os que seguem.

Capa – é obrigatória e traz o nome do autor no alto da folha, título e subtítulo no meio, local e ano de entrega na parte inferior, tudo centralizado e em maiúsculas negritadas.

Folha de rosto – é obrigatória e repete a capa, mas traz a nota destinatória entre o título ou subtítulo e o local, que é o nome da cidade onde se situa a instituição na qual o trabalho será avaliado, cujo texto segue mais ou menos a seguinte fórmula: "Trabalho de Conclusão de Curso apresentado como requisito parcial para a obtenção do grau de bacharel no curso de letras da universidade x, departamento y, sob a orientação do professor z".

Ficha catalográfica – é obrigatória e impressa no verso da folha de rosto e compete ao profissional da biblioteconomia (bibliotecário) da instituição de ensino elaborá-la.

Errata – se houver, a palavra **ERRATA** é escrita em maiúsculas negritadas, centralizada, seguida das correções feitas no trabalho depois que ele foi impresso, em uma tabela para colunas com os seguintes indicativos: Folha, Linha, Onde se lê, Leia-se, registrando nas linhas abaixo de cada um deles as informações exatas das correções elaboradas.

Folha de aprovação – obrigatória, indica, no alto, como na capa, o título, autor, orientador, curso, departamento, programa, instituição; do meio da folha para baixo, o nome dos membros da BANCA EXAMINADORA do trabalho, em maiúsculas sem destaque e com sobrelinha para assinatura de cada membro; na parte inferior da folha, reservar espaço para data de defesa e aprovação do trabalho.

Dedicatória – opcional e escrita de forma livre pelo autor do trabalho, visa a homenagear uma pessoa cuja relação com a pesquisa foi relevante.

Agradecimentos – elemento opcional, escrito de forma pessoal para o autor prestar gratidão às pessoas importantes com relação ao trabalho, traz o título **AGRADECIMENTOS** logo abaixo da margem superior, em maiúsculas negritadas.

Epígrafe – opcional, consiste na citação de um pensamento de um autor, seguida do nome dele, que tenha a ver com o conteúdo do trabalho, impressa no meio da folha, à direita.

Resumo em língua vernácula – obrigatório, consiste na indicação sumária do tema, problema, objetivos, metodologia, resultados e conclusão do trabalho, em 250 palavras para trabalho de conclusão de curso de graduação e especialização *lato sensu*, e em 500 para dissertações e tese em cursos *stricto sensu*. O título **RESUMO** é centralizado, seguido do texto sem parágrafo e, após a última linha, de cinco **Palavras-chave**, em negrito, que são os descritores que servem para indexar o trabalho por indicar as temáticas que aborda.

Resumo em língua estrangeira – obrigatório, idêntico ao resumo em língua vernácula, pode ser escrito em inglês (**ABSTRACT**), espanhol (**RESUMEN**) ou francês (**RÉSUMÉ**).

Listas de ilustrações, tabelas, quadros, abreviaturas, siglas ou símbolos – se houver, devem ser dispostas conforme aparecem no corpo do texto, seguidas do número da folha em que estão impressas no corpo do trabalho.

Sumário – obrigatório, é diferente de índice e apresenta as partes, capítulos, tópicos, seções, conforme o caso, na ordem em que aparecem ao longo do texto, indicando a página em que figuram, de modo a sumariar o conteúdo de cada um para facilitar a sua localização ao longo das páginas do trabalho.

129 Trabalhos acadêmicos: elementos textuais

Os elementos textuais dos trabalhos acadêmicos são a introdução (uma espécie de resumo expandido), o desenvolvimento (um capítulo destinado à fundamentação teórica, outro para discorrer sobre metodologia, e um terceiro, para fazer a discussão teórico-metodológica do tema) e a conclusão (para amarrar os resultados). Todos são obrigatórios. Trata-se do corpo do trabalho. Nele é feita a contextualização do objeto da investigação, a descrição da execução do projeto de pesquisa e a enunciação dos resultados obtidos pelo pesquisador. Uma dica interessante é ler trabalhos acadêmicos para ver como é a prática de desenvolvê-los em nossas academias. Eles seguem as regras da ABNT e têm uma elaboração mais ou menos padronizada. Contudo, é sempre bom consultar o orientador sobre as decisões cabíveis nas fases de planejamento, execução e avaliação de qualquer trabalho acadêmico.

130 TRABALHOS ACADÊMICOS: ELEMENTOS PÓS-TEXTUAIS

Os elementos pós-textuais dos trabalhos acadêmicos são os que seguem.

Referências bibliográficas – obrigatórias, seguem as disposições da ABNT, trazendo a lista em ordem alfabética das obras citadas ao longo do trabalho, basicamente com os seguintes indicadores: SOBRENOME, nome do autor (sobrenome em maiúsculas, nome sem destaque). **Título** (em **negrito** ou *itálico*, no computador; e sublinhado quando for escrito a mão): subtítulo da obra (sem destaque). Nome do tradutor (se houver). Edição (número da edição, sem o "ª", porque pode haver mudanças entre uma e outra, na abreviação "ed.", em minúsculas seguida de ponto). Local de publicação (cidade sede da editora responsável pela obra): ano em que a edição foi publicada, número da página de onde o trecho foi extraído. Local de publicação: ano em que a edição veio à luz. O título **REFERÊNCIAS BIBLIOGRÁFICAS** é centralizado logo depois da margem superior e em maiúsculas negritadas.

Glossário – se houver, indica o significado de termos desconhecidos, neologismos, termos técnicos ou conceitos de conhecimento muito reduzido. O termo **GLOSSÁRIO** segue as mesmas disposições gráficas das referências.

Apêndices – se houver, seguindo a mesma grafia do glossário, consiste de material que o autor do trabalho elabora a fim de esclarecer ou complementar alguma parte do trabalho.

Anexos – se houver, seguindo as mesmas disposições gráficas dos apêndices, são materiais não elaborados pelo pesquisador, mas que cumprem finalidades semelhantes às dos apêndices.

Índice – opcional e diferente do sumário, lista os nomes (índice onomástico), lugares (índice toponímico) ou conceitos (índice de termos específicos), ou, ainda outro, conforme a necessidade, seguidos do número exato da página em que aparecem no corpo do trabalho.

131 O QUE SÃO CITAÇÕES DIRETAS E INDIRETAS?

Citações diretas são aquelas transcrições literais de trechos da obra estudada, utilizando as palavras originais do autor para referenciar as ideias dele e fundamentar teoricamente o trabalho. As citações indiretas são feitas mediante a referenciação das ideias do autor da obra estudada, mas vazadas com as palavras do pesquisador que faz a citação. Para citações curtas, de até três linhas, o trecho transcrito ou citado indiretamente deve ser inserido no texto, sem nenhum tratamento especial. Se for citação direta, colocar entre aspas as palavras transcritas ao pé da letra. As citações longas, de mais de três linhas, devem ser grafadas em parágrafo especial, com recuo de 4cm, sem aspas, em espaço simples e em fonte corpo 10, seguida da indicação do autor, ano de publicação da obra citada e página em que se encontra o trecho transcrito. Esse é o sistema autor-data, inserido no corpo do texto e que nunca deve ser negligenciado. Mas se o estudante optar pelo sistema numérico, ele insere uma nota de referência no rodapé da folha e indica os mesmos elementos que documentam a citação. Mas notas de referenciação bibliográfica, notas remissivas e notas explicativas não podem ser usadas concomitantemente porque geram confusão, razão pela qual é bom empregar o sistema autor-data para referenciação de citações e o sistema numérico para oferecer explicações pertinentes ou remeter o leitor a outras partes do trabalho.

132 VALOR DOS TRABALHOS ACADÊMICOS

Trabalhos acadêmicos não servem apenas para que o estudante cumpra a exigência de fazê-los como requisitos parciais para a conclusão do curso ou para aprovação nas disciplinas que frequenta.

Eles se prestam a introduzir o acadêmico na iniciação científica, atividade que, paralela a outras da mesma natureza, podem dar ao estudante uma bagagem considerável em termos de produção e divulgação do conhecimento. Realmente, é lamentável quando o ensino se torna uma mera repetição de saberes cristalizados e tidos como senso comum nas várias esferas do saber. O bom é renová-lo. E é por meio da elaboração de trabalhos acadêmicos que essa prática pode ser experimentada, desde a graduação.

133 Dicas de ouro sobre trabalhos acadêmicos

Os trabalhos acadêmicos exigem fôlego estudantil, porque implicam o processo de planejar a investigação, executar o plano de pesquisa e avaliar o relatório final, que ganha a forma específica, conforme o caso. Para tanto, é aconselhável que o estudante:

- ➢ arranje um tema pelo qual seja pessoalmente interessado, problematize-o no projeto de pesquisa e execute as ações investigativas sob a orientação de um professor;

- ➢ busque ler tudo o que for possível sobre o tema durante o processo de estudo exploratório, destinado a identificar a literatura especializada no assunto que pesquisará;

- ➢ eleja um orientador que, além de se interessar pelo tema do projeto, também demonstre competência em metodologia científica para ser seguramente orientado;

- ➢ escolha as obras realmente decisivas à fundamentação teórica da pesquisa, senão a perda de tempo com materiais não apropriados será fatal;

➢ faça do projeto de pesquisa a sua paixão e procure vivê-la com esmero e dedicação, pois, sem esse envolvimento, não poderá haver crescimento;

➢ gaste parte do tempo organizando os dados, informações, conceitos e teorias atinentes ao problema de pesquisa adotado para fazer um estudo atualizado sobre ele;

➢ mantenha-se firme diante de bloqueios e do desânimo, pois isso faz parte do processo de desenvolvimento de realização da pesquisa;

➢ procure organizar os dados e redigir o trabalho lendo sempre o que escreve, e não esquecer de fazer revisões rigorosas entes de passá-lo à mão dos avaliadores;

➢ respeite critérios como "afinidade temática", "competência" e "imparcialidade" ao escolher os membros da banca, a fim de fugir do manjado "jeitinho brasileiro";

➢ valorize o próprio trabalho e divulgue-o sempre que possível.

19

Trabalhos de divulgação científica

134 O QUE É DIVULGAÇÃO CIENTÍFICA?

A elaboração de qualquer trabalho acadêmico é sempre dispendiosa para o estudante, professor, instituição de ensino, para a sociedade e para o Estado. É importante que os conhecimentos sistematizados nas diversas modalidades de produção científica e acadêmica sejam socializados mediante constante divulgação. Do contrário, eles deixarão de cumprir a respectiva função social, vindo a cair no vazio todo o investimento que demandaram ao longo de seu planejamento, execução e avaliação. Para que a divulgação científica ocorra, existem os eventos científicos e as publicações especializadas, "espaços" esses destinados à circulação de todos os saberes que vão sendo produzidos, inovados, debatidos e recriados no dia a dia das faculdades, centros universitários e universidades. Atentar para isso é um bom modo de ampliar a formação pessoal, incrementar o currículo e fazer o conhecimento chegar àqueles que precisam dele para resolver problemas concretos nos âmbitos pessoal, social, profissional e humano. Sem divulgação, como fazer a aplicação? Assim, para cumprir a função de divulgar a produção científica de nossas instituições de ensino, existem os seguintes trabalhos: comunicação, artigo, minicurso, oficina, *poster* e resenha, entre outros.

135 O QUE É COMUNICAÇÃO CIENTÍFICA?

A comunicação científica é a exposição que dura entre dez e vinte minutos sobre os resultados de pesquisa original. Normalmente, é feita em um evento científico, o qual sempre conta com regras próprias para que essa apresentação aconteça, após ser avaliada por uma comissão científica qualificada e competente. Como se trata de um trabalho breve, o apresentador deve enfocar mais os aspectos teórico-metodológicos da experiência que ele vivenciou no processo investigativo, tanto quanto os objetivos pretendidos e os resultados alcançados. Como não descreve os procedimentos metodológicos em suas minúcias, a comunicação científica não se presta a orientar a repetição da pesquisa por outro pesquisador. Geralmente o texto-base da comunicação pode figurar em alguma publicação especializada: normalmente em anais, dossiês ou em periódicos destinados a essa finalidade, quase sempre na forma de estudos sobre algum tópico da ciência, da filosofia, das artes e até mesmo de processos tecnológicos de relevo para a academia, os colégios e as escolas de modo geral.

136 O QUE É ARTIGO CIENTÍFICO?

O artigo científico, diferentemente da comunicação, traz o processo inteiro que foi desenvolvido na execução da pesquisa ou investigação. Por esse motivo, outro pesquisador, se for o caso, poderá repetir a pesquisa, pois o artigo deve detalhar com profundidade a metodologia empregada, bem como os resultados obtidos. Nesse sentido, o artigo tem grande importância na academia. Por não ser um livro, que segundo a ABNT tem de ter mais de 50 páginas, o artigo geralmente é publicado em periódicos especializados, alguns alcançam grande destaque, chegando mesmo a superar em importância muitas obras de maior extensão. A ABNT tem normas específicas para o planejamento e elaboração de artigos científicos. Elas não podem ser esquecidas na hora de sua execução, sempre passíveis de serem articuladas com as normas particulares dos periódicos a que se destinam para publicação.

137 O QUE É INFORME CIENTÍFICO?

Informe científico relata resultados parciais de uma pesquisa, quando ela ainda está em processo de desenvolvimento ou de execução. Informes são mais usuais para comunicar resultados parciais de pesquisas de campo, de laboratório ou documental. Também implica uma descrição minuciosa dos procedimentos investigativos para que a experiência da pesquisa possa ser repetida em lugar diferente por outros pesquisadores. É por meio do informe científico que o pessoal que faz ciência estabelece intercâmbio investigativo de interesse da ciência, da academia, da sociedade e, por que não dizer, da humanidade, tal como as outras modalidades de divulgação das conquistas científicas alcançadas ao longo dos anos.

138 O QUE É MINICURSO?

O minicurso enfoca um tema específico, bem circunstanciado e bem delimitado. Apresenta ementa, objetivos, conteúdo, cronograma e referências bibliográficas atualizadas, obrigatórias e complementares. Geralmente é ministrado por um docente que detém experiência didática e amplo domínio do assunto enfocado. Pode ser dedicado ao aprofundamento de um aspecto de determinada teoria, obra de um pensador ou cientista ou até mesmo ao estudo complementar de uma disciplina acadêmica. Usualmente, em um evento científico, o estudante se inscreve em um minicurso como participante, e não como responsável por ele. Por se inserir no contexto do ensino, da didática, o minicurso não precisa apresentar ineditismo, como outras formas de trabalhos científicos muito específicos ou especializados.

139 O QUE SÃO OFICINA E *POSTER*?

A oficina se assemelha a um minicurso, mas é voltada para a prática, para a execução, para o "saber fazer". Aprender a aplicar uma teoria, desenvolver um projeto, realizar coisas, implementar ações, tudo isso pode fazer parte da oficina, programada para acontecer em um evento científico. Se, por exemplo, o professor propuser uma oficina sobre elaboração de projeto de pesquisa, isso significa que o estudante terá de sair dela com um esboço de projeto em mãos, pois se trata de um aprendizado real, efetivo e consequente. Portanto, a oficina é para a realização. No que respeita ao *poster*, trata-se de uma espécie de cartaz, com dimensões de 90cm a 120cm, podendo variar de evento para evento. Legível a uma distância de pelo menos um metro, o *poster* deve apresentar: campo do saber em que se insere, título, nome do autor, instituição e departamento aos quais os autores estão vinculados, cidade e estado em que estudam, dados sobre a pesquisa e agência que a fomenta, se for o caso. O *poster* comporta o mínimo de texto e o máximo de figuras, fotos, tabelas, gráficos e mapas ou esquemas criativos que ilustrem o conteúdo apresentado à apreciação do público, que para diante dele para conferir no que ele consiste. Tem de chamar a atenção pelo visual, mas não dispensa a estrutura de todo trabalho acadêmico, ou seja: introdução, desenvolvimento, conclusão e referências bibliográficas. Não há apresentação oral, mas o autor do trabalho se posta, de pé, ao lado do *poster* para esclarecer as dúvidas de quem o analisa. O resumo do *poster* pode ser publicado em anais, dossiês ou cadernos de resumos.

140 O QUE É RESENHA CRÍTICA?

A resenha crítica pressupõe a leitura genérica, analítica e compreensiva de uma obra, da qual são extraídos elementos para uma avaliação criteriosa. Por implicar uma síntese do trabalho, o autor deve conhecer bastante o assunto, diferentemente de uma resenha didática, em que o estudante apenas sintetiza o texto estudado para conhecer a teoria ou conceitos nela explicados. Assim, a resenha crítica demanda a capacidade de identificar pontos positivos e passíveis de serem melhorados no trabalho analisado. Ela se estrutura por meio da apresentação das referências (autor, título da obra, edição, tradução se for o caso, edição, data de publicação e quantidade de páginas), informação sobre o autor, síntese das ideias centrais e as conclusões que apresenta. Por parte do resenhista, ele tem de identificar o modelo teórico a que o autor se circunscreve na obra analisada e fazer o julgamento dela; além disso, deve anunciar as contribuições trazidas pelo trabalho, caracterizar estilo (clareza, simplicidade, objetividade, concisão, precisão, entre outros), forma (organização das partes) e a quem ela se destina, podendo, ainda, apontar sua relevância e valor.

141 Divulgar é semear

Divulgar a ciência, a filosofia, as artes e os conhecimentos tecnológicos é semear para ter o que colher. Se não se planta, também não se pode esperar pela colheita. Nenhum ramo do conhecimento se desenvolve, evolui e é criativamente reinventado se ficar restrito às gavetas de pesquisadores e de suas instituições. Por isso, a participação em eventos é um canal de disseminação da informação científica, filosófica, artística ou tecnológica, da qual o estudante pode tomar parte na graduação. É desse modo que a sociedade tem maiores possibilidades de se inteirar sobre o que é feito pela ciência e como utilizar os conhecimentos que ela produz para melhor administrar o dia a dia de seus membros, o conjunto dos cidadãos.

20

SEJA UM ESTUDANTE ÉTICO

142 O QUE É ÉTICA?

A palavra "ética" vem do grego *ethos* e significa caráter e modo de ser, estilo existencial, herdado ou aprendido. A ética refere-se ao conjunto de princípios e valores que norteiam a vida em sociedade e as relações travadas pelo conjunto dos cidadãos. Por estar ligada à cidadania, a ética tem a ver com o modo como organizamos a vida, em todas as suas dimensões. Por esse motivo, podemos falar de uma ética estudantil que fundamente o agir de uns perante os outros. Aqui, destaco apenas alguns princípios ou valores que julgo fundamentais: constância, empatia, equidade, equilíbrio, humanismo, ousadia e perfectibilidade.

143 O VALOR DA CONSTÂNCIA

Constância significa senso de durabilidade dos processos, firmeza nos propósitos, lealdade aos sentimentos, pensamentos e ações pessoais ou compartilhadas. Outro nome para isso tudo é coerência. E ser coerente implica lealdade: a si mesmo, às outras pessoas, à área do conhecimento que estuda, à sociedade e ao mundo. Já imaginou o que seria dos processos humanos se não houvesse coerência e constância em sua condução diária? Não ficaríamos malucos? Outro aspecto desse princípio é a harmonização das partes do todo ético da pessoa: já imaginou alguém dizer que valoriza a honestidade, mas apresentar um trabalho feito por um colega como se próprio fosse? Há coerência e constância nessa atitude?

144 VIVER A EMPATIA

Talvez a empatia seja o mais humanista dos valores humanos porque é por meio dela que o estudante pode colocar-se no lugar do outro, exercitar-se na compaixão (capacidade de sentir com o outro). Essa habilidade de ser empático e respeitar o modo de pensar, agir e sentir dos outros é fundamental. Vivemos em uma sociedade fria, calculista e que é composta por indivíduos indiferentes e insensíveis, aspectos que nos rouba a humanidade. Evitar essas coisas na escola contribui para o crescimento mútuo, para que a educação cumpra a sua função de socializar humanizando e de humanizar socializando. Empatia gera empatia.

145 PRATICAR A EQUIDADE

A equidade tem a ver com igualdade, retidão, justiça e imparcialidade. Tanto quanto possível, mobilizar esse valor para qualificar a convivência estudantil é potencializar a reciprocidade, a arte de harmonizar direitos e deveres e de retribuir às pessoas aquilo de bom que elas nos fazem. Em uma sociedade como a brasileira, muitas vezes assaltada pelo "levar vantagem em tudo", propor o respeito ao princípio da equidade é um ato de coragem, mas vital a que possamos construir relações minimamente dignas de nossa condição social.

146 VIVER EM EQUILÍBRIO

O equilíbrio implica ter os humores certos diante das situações apropriadas. Equilíbrio significa capacidade de avaliar até onde se pode ir, seja em questões racionais, sentimentais ou emocionais. Se o estudante pode vencer um obstáculo, mas foge da luta, ele se acovarda. Se não pode vencer uma dificuldade, mas a enfrenta, então ele se torna irresponsável. Assim, o melhor é balançar as coisas com o peso do senso certo, do pensar correto e do sentir de modo apropriado. Isso concorre para que a conservação pessoal, grupal, social e planetária possa acontecer. Do contrário, situações de desregramento comprometerão as relações e vínculos estudantis, seja em casa, na rua, comunidade, escola ou na vida social.

147 Ter foco no humanismo

O humanismo é um termo trazido a esta linha para significar a capacidade de um ser humano reconhecer outro ser humano, respeitando sua condição, limitações ou possibilidades à existência. Se o estudante entender que "o humano não tem preço porque tem dignidade", como disse Kant, então é mais fácil compreender o que aqui está sendo chamado de humanismo: a capacidade de se reconhecer no outro e com ele compartilhar projetos, lutas, sonhos e interesses, batalhando conjuntamente por objetivos comuns. Em uma sociedade individualista como a nossa, recorrer à dignidade humana é algo revolucionário e essencial.

148 Abraçar a ousadia

A virtude da ousadia é a capacidade de vivenciar o novo, de não se apegar ao velho como se o "já feito" e o "sempre igual" fossem determinantes da verdade, do bem, do valor. Sem ousadia, os novos empreendimentos e a capacidade de criar alternativas existenciais originais ficam seriamente comprometidos. Aí é o porvir que fica em sério prejuízo. E se o estudante não se dispõe a usar o conhecimento no sentido de reinventar a vida e investir no porvir, então o conhecimento pouco poderá fazer por ele. Como disse Cecília Meireles: "...a vida, a vida, a vida, / a vida só é possível reinventada". É para isso que serve a ousadia.

149 Perseguir a perfectibilidade

A perfectibilidade está sendo empregada aqui não no sentido de que a pessoa humana tenha uma perfeição racional, anímica ou emocional a alcançar e a desfrutar, mas com o sentido de que ela pode aprender com os erros e não cometê-los novamente. E errado é sempre aquilo que não dá certo por trazer algum prejuízo pessoal, grupal ou social. Talvez nisso resida o senso de excelência, esse que impulsiona o estudante a querer sempre o melhor de si mesmo, das pessoas com quem convive e das situações nas quais se vê inserido.

150 VIDA BOA COM BOA VIDA?

O importante é ver na ética um caminho ao incremento de princípios que façam com que nós brasileiros superemos a cultura do "jeitinho". Precisamos cultivar valores como amadurecimento, amor, autoestima, compreensão, compromisso, convivência, diálogo, honestidade, igualdade, justiça, respeito, responsabilidade, reflexão, saúde, socialização, solidariedade, transparência, unidade, entre outros. Nesse sentido, nossa educação formal pode aliar "saber" e "saber fazer" ao "saber ser", pois isso é força ante os desafios cotidianos. Esse procedimento é necessário porque os seres humanos, não sendo nem "bons" e nem "maus", precisam de valores para extrair deles as regras de conduta visando à harmonia relacional e à convivência lastreadas na cidadania. Essa atitude pode começar já na socialização escolar e acadêmica. Para tanto, o estudante pode trabalhar o entendimento de que:

- a regra fundamental é não fazer ao outro o que não quer para si, pois são muitas as ocasiões em que o mal é perpetrado sem que seu agente tenha consciência de que o primeiro a perder com isso é ele próprio;

- buscar o cultivo da honestidade é importante porque a desonestidade intelectual de quem "copia" ideias alheias, "manda" fazer trabalhos ou "baixa" textos da rede mundial de computadores para se safar do processo formativo é algo lamentável;

- cuidar de si, dos outros e do mundo é algo que o saber pode possibilitar, pois, de outro modo, de que valerá passar anos a fio nos bancos escolares?;

- fazer o melhor possível é plantar excelência, e, como "quem planta colhe", os frutos dessa atitude serão revertidos em benefício do próprio estudante, que pode relegar o desleixo e a preguiça para aqueles que ainda não se despertaram para a vida;

- investir na própria dignidade é cultivar o autovalor, a fonte da autoestima e da autoimagem positiva, as forças permanentes de que cada estudante pode lançar mão para bem enfrentar as demandas da educação formal;

- jogar com ética é perseguir ganhos compartilhados, importando-se com o *fair-play*, a maneira limpa de se comportar;

- querer o bem não basta porque o bem só se realiza na ação, até porque, sem atos, o bem não pode acontecer;

- resistir com base na consciência ética é uma virtude capital, haja vista que o assédio para que o estudante faça coisas que atentam contra a sua própria consciência está em toda parte;

- valorizar a "vida boa com a boa vida" é a ética possível a quem busca o equilíbrio e a prudência necessárias a que o percurso estudantil não seja um fardo difícil de carregar, mas uma viagem venturosa pelos caminhos do saber.

Conclusão

Rendo-me à tentação de citar o alemão Johann Wolfgang Goethe (1749-1832). Goethe escreveu a peça homônima do personagem principal, *Fausto*, um estudioso inveterado, já em idade avançada. Fausto passou a vida inteira buscando o conhecimento, em prejuízo da dimensão humana da existência e agora se sente deprimido e acabado. Ele nota que, ao sacrificar a própria vida em nome do conhecimento, perdeu-se nessa busca, desumanizou-se, tornou-se um nada, um ninguém, um homem completamente embrutecido. Pesa-lhe na consciência o fato de se encontrar tão pobre e sábio quanto antes de começar tudo aquilo.

Enquanto vive esse tormento particular, o demônio lhe aparece para propor o seguinte: "Me dê sua alma e eu lhe darei saúde, riqueza, juventude e prazer". Ora, isso era tudo o que Fausto havia deixado de lado enquanto estudava compulsivamente, gastando todo o tempo de que dispunha para alimentar a vaidade de dominar as ciências e todas as formas de saber. O que o diabo lhe propunha era tudo o que queria para o tempo de vida que lhe restava. Então, ele aceita a proposta e o pacto é selado. O fascínio por experimentar o que não teve na vida pregressa falou mais alto. Fausto vende a própria alma ao diabo. Porém ele sabe que por mais que recupere saúde, juventude, dinheiro, amor e prazer, nada disso será igual se tivesse vivido cada uma dessas coisas a seu tempo. Por isso, a promessa faustosa não lhe apaga o senso de que tudo estaria irremediavelmente fora de propósito e lugar.

Cito Fausto, não como um modelo a ser seguido por quem frequenta a educação básica e o ensino superior. Ao contrário disso, faço alusão a ele para servir como ilustração de um contraexemplo, o qual jamais deve ser seguido. Não sei se existe alguma coisa pela qual valha a pena sacrificar a realização pessoal e a própria vida, como ele o fez, indo dar de cara com um retumbante fracasso. Por isso, além de transmitir mensagens que apontam para esse sentido, este livro buscou atender aos anseios dos estudantes. Muitas vezes, eles manifestam o desejo de terem em mãos alguns instrumentos práticos e propiciadores de segurança ante os procedimentos com relação àquilo que têm de estudar, na educação básica e no ensino superior. Em sala de aula e nas conversas informais, são recorrentes as solicitações nesse sentido. Nessas ocasiões, o desejo de saber como aprender de modo significativo se torna "palpável". Por esse motivo, este livro buscou ser uma resposta despretensiosa a essa necessidade. Claro, alertando sempre que uma atitude de sabedoria deve permear os estudos, porque a história de Fausto não merece mesmo ser repetida.

Nesse sentido, os vinte capítulos e as 150 "dicas matéticas" que os compõem formam um conjunto de indicativos sobre a condução da vida estudantil, num esforço por oferecer ferramentas para que o estudante associe metodologia e técnica proveitosas de estudo a uma atitude ética construtiva em sua formação, em todas as dimensões. Ao "como" estudar foi feita a tentativa de juntar o "para quê" aprender. Entretanto, este livro, como qualquer outro já escrito ou ainda a ser publicado, é um produto inconcluso, imperfeito e inacabado. Por essa razão, para que seus objetivos sejam efetivamente concretizados, também conta, e muito, o livro que o leitor pode tecer com base nas indicações aqui registradas, seja em sua subjetividade, seja em anotações, sínteses e outras formas de registros daquilo que leu nas páginas precedentes. Em verdade, um livro nunca se fecha, interpelando o leitor a sempre mantê-lo aberto, vivo, como que a querer migrar para seu universo interior.

É com esse intuito que a escrita deste projeto representou o esforço por compartilhar percepções, conhecimentos, saberes, práticas e experiências. Às vezes, o importante nem é mesmo a materialidade da letra que compõe a página do livro. O importante é a possibilidade de o leitor criar ideias, conceitos e representações inspirado naquilo que leu. Afinal, "num livro, há sempre um capítulo que entendemos mais ou menos. Num capítulo, há sempre uma página. Numa página muito obscura, há sempre uma frase que podemos entender perfeitamente" (Roger-Port Droit). Se isso puder se transformar em algo dinâmico para qualificar a prática de aprender de verdade por parte do leitor, tanto melhor. Por isso, ao desejo de que o livro vivo continue aberto, alimentado pelo desejo de saber e pela busca de sentido existencial, somam-se os votos de que ele seja grande, sem sacrificar a vida, tal qual um Fausto, porque, como disse Caetano Veloso, "gente nasceu foi pra brilhar".

Bibliografia

AIRES, M. **Reflexões sobre a vaidade dos homens**. Transc. A. Mesquita. São Paulo: Escala, s./d.

ARISTÓTELES. **Metafísica**. Trad. L. Valandro. Porto Alegre: Globo, 1969.

BARBIER, J.-M. **Elaboração de projetos de acção e planificações**. Porto: Porto Editora, 1993.

BRASIL. **Constituição da República Federativa do Brasil de 1988**. Brasília: Senado Federal, 1988.

CHAUÍ, M. *Heidegger: vida e obra: prefácio*. **Coleção Os Pensadores**. São Paulo: Nova Cultural, 1996.

COELHO, M. *O show de horrores nos colégios de elite*. **Folha de S. Paulo**, *Ilustrada*, 4 de maio de 2005, p. E-10.

CORTELLA, M. S. **Não espere pelo epitáfio**: provocações filosóficas. Petrópolis: Vozes, 2005.

DROIT, R.-P. **A filosofia explicada à minha filha**. Trad. C. Berliner. São Paulo: Martins Fontes, 2005.

FERNANDEZ, A. *O Lugar da queixa no processo de aprendizagem*. **Revista Paixão de Aprender**, ano 2, n. 4. Porto Alegre: SMED, dez. 1991.

FONSECA, J. **Ora bolas**: o humor cotidiano de Mario Quintana. 3. ed. Porto Alegre: Artes e Ofícios, 1996.

GOETHE, J. W. **Fausto**. Trad. J. K. Segall. 4. ed. Belo Horizonte: Itatiaia, 1997.

GRACIÁN, B. **A arte da prudência**. Trad. P. Nassetti. São Paulo: Martin Claret, 2002.

HEIDEGGER. **Os Pensadores**. Trad. E. Stein. São Paulo: Nova Cultural, 1996.

KANT, I. **Sobre a pedagogia**. Trad. C. C. Fontanella. 3. ed. Piracibaca: Ed. Unimep, 2002.

MATARAZZO, C. **Etiqueta sem frescura**. 27. ed. São Paulo: Melhoramentos, 2001.

MOSSÉ, C. **Atenas**: a história de uma democracia. Trad. J. B. da Costa. 2. ed. Brasília: Ed. da UnB, 1982.

PAPERT, S. **The children's machine**: tethinking school in the age of the computer. New York: Basic Books, 1993.

PESSOTTI, I. **Aqueles cães malditos de Arquelau**. Rio de Janeiro: 34 Letras, 1994.

PIAGET, J. **Os pensadores**. Trad. N. C. Caixeiro *et. al.* São Paulo: Abril Cultural, 1978.

QUINTANA, M. **Quintana de bolso**. Porto Alegre: L&PM, 1997.

RILKE, R. M. **Cartas a um jovem poeta**. Trad. P. Rónai. 11. ed. Rio de Janeiro: Globo, 1983.

RUFFIÉ, J. *O cérebro*. In: **O indivíduo**: entrevistas do Le Monde. Trad. S. Flaksman. São Paulo: Ática, 1989, p. 88-95.

SANTOS, M. **Por uma outra globalização**. 6. ed. Rio de Janeiro: Record, 2001.

SEVERINO. A. J. **Métodos de estudos para o 2º grau**. São Paulo: Cortez, 1984.

SILVA, E. T. da. **Magistério e mediocridade**. 5. ed. São Paulo: Cortez, 2001.

STEIN, E. **Seis estudos sobre ser e tempo**. Rio de Janeiro: Vozes, 1990.

WOLF, N. **O mito da beleza**. Trad. W. Barcelos. Rio de Janeiro: Rocco, 1992.

WEBGRAFIA

A CRISE DO IMPÉRIO AMERICANO, <http://adorocinema.cidadeinternet.com.br>, acesso em 28.11.2005.

ALVES, R., <http://www.rubemalves.com.br>, acesso em 22.11.2005.

ARISTÓTELES, <http://gl.wikipedia.org/wiki/Arist%C3%B3teles>, acesso em 02.12.2005.

ASSOCIAÇÃO BRASILEIRA DE NORMAS TÉCNICAS, <http://www.abnt.org.br>, acesso em 01.12.2005.

CAETANO, V., <http://www.caetanoveloso.com.br>, acesso em 12.12.2005.

CONFÚCIO, <http://pt.wikipedia.org/wiki/Conf%C3%BAcio>, acesso em 29.11.2004.

DEMÓSTENES, <http://www.geocities.com/demostenes>, acesso em 18.10.2005.

DESCARTES, R., <http://pt.wikipedia.org/wiki/Descartes>, acesso em 01.12.2005.

DRUMMOND, C., <http://memoriaviva.digi.com.br/drummond>, acesso em 10.12.2004.

FOLHA DE S. PAULO, <http://www1.folha.uol.com.br>, acesso em 29.10.2004.

FRANCO, W., <http://walterfranco.sites.uol.com.br>, acesso em 20.08.2005.

GAIARSA, J. A., <http://www.saudenainternet.com.br/menssana>, acesso em 10.11.2005.

GOEBEBELS, J., <http://www.unificado.com.br/goebbels>, acesso em 10.10.2005.

GOETHE, J. W., <http://pt.wikipedia.org/wiki/Goethe>, acesso em 12.12.2005.

HITLER, A., *http://en.wikipedia.org/wiki/Adolf_Hitler*, acesso em 20.11.2005.

HUTCHINS, R. M., <*http://www.hpfrases.hpg.ig.com.br*>, acesso em 27.10.2005.

JAMES, W., <*http://pt.wikiquote.org/wiki/William_James*>, acesso em 25.11.2005.

LÊNIN, V., <*http://en.wikipedia.org/wiki/Vladimir_Lenin*>, acesso em 10.11.2005.

LINS, I., <*http://ivan-lins.letras.terra.com.br*>, acesso em 23.10.2004.

MARX, K., <*http://pt.wikipedia.org/wiki/Karl_Marx*>, acesso em 25.11.2005.

MEIRELES, C., <http://www.secrel.com.br/jpoesia/ceci01.html>, acesso em 10.12.2005.

MURPHY, <http://www.geocities.com/Athens/Sparta/6636/varied/murphy.htm>, acesso 05.12.2005.

O ESTADO DE S. PAULO, <*http://www.estadao.com.br*>, acesso em 22.10.2005.

PESSOA, F./ REIS, R., <*http://www.secrel.com.br/jpoesia*>, acesso em 20.11.2005.

QUINTANA, M., <*http://www.quintanares.blogspot.com*>, acesso em 25.11.2005.

SHAW, G. B., <http://www.hpfrases.hpg.ig.com.br/vida.htm>, acesso em 10.12.2005.

TAIGUARA, <*http://www.correiocidadania.com.br*>, acesso em 28.08.2004.

ÍNDICE

1 Abastecer a estante	9
2 Cuidar da ordem	9
3 Estudar tudo	10
4 Fazer revisões	10
5 Funcionar equilibradamente	11
6 Gerar sínteses	11
7 Lembrar-se da saúde	12
8 Automotivar-se	12
9 Resolver problemas	12
10 Traçar estratégias e táticas	13
11 Ter amplitude de visão	13
12 O que é projeto?	17
13 O que é programa?	17
14 1ª Pergunta do projeto: "O que estudar?"	18
15 2ª Pergunta do projeto: "Por que fazer esses estudos?"	18
16 3ª Pergunta do projeto: "Para que estudar isso?"	19
17 4ª Pergunta do projeto: "Como estudar?"	20
18 5ª Pergunta do projeto: "Onde estudar?"	20
19 Última pergunta do projeto: "Quando estudar?"	21
20 Por que os estudantes fracassam?	25

21 O que é comprometimento? 25

22 O que o comprometimento não é 26

23 O compromisso como sistema de crenças 27

24 Entre o bom e o ótimo 27

25 Comprometimento é mesmo para quem? 28

26 O comprometimento é muito mais 28

27 A importância da seriedade 33

28 Levar os estudos a sério ou ser sério? 33

29 Competitividade ou cooperação? 34

30 Salvaguardar a própria humanidade 35

31 O estudante não é um autômato 36

32 O que importa na vida estudantil 36

33 Colher o dia 41

34 Mapeando as prioridades 41

35 Um exemplo de como não usar o tempo 43

36 O relógio não deve ser senhor de ninguém 44

37 Manter os estudos em dia 44

38 Quando o não aprender é problema? 49

39 A saída para quem tem problemas de aprendizagem 49

40 O reclamar por reclamar 50

41 Evitar os lamentadores — 50

42 Saber onde pisa — 51

43 Avalie-se sob critérios racionais — 51

44 Para evitar reclamação — 52

45 O jovem não gosta de estudar? — 57

46 Parar de estudar? — 57

47 Ser ou existir? — 58

48 Uma ideia interessante — 59

49 Prevenindo a desistência dos estudos — 60

50 O estudante pode aperfeiçoar-se — 65

51 Usar a etiqueta é ser cidadão? — 65

52 A etiqueta embeleza as relações humanas — 66

53 Entre a luta e a troca — 67

54 A etiqueta pode ser reavivada — 68

55 O que a poesia e a filosofia têm a ensinar? — 73

56 A autenticidade é um desafio — 74

57 Não é pouca coisa — 74

58 A mentira é uma forma de prisão — 75

59 Ser autêntico é ser revolucionário — 75

60 Vale a pena ser autêntico — 76

61 É chato viver morto 81

62 O entusiasmado é otimista? 81

63 Entusiasmo é autoafirmação 82

64 Quem são as pessoas interessantes? 83

65 Qual é o caminho do estudante? 83

66 A concentração 89

67 A internet é ferramenta 89

68 Encontrando o livro certo 90

69 Estudar documentando 90

70 Fazer anotações 91

71 Lidar com o vocabulário 91

72 O duvidar 92

73 O ter certeza 92

74 Praticar autoavaliações 93

75 Seguir o próprio ritmo 93

76 Tipos de aula 97

77 Antes da aula 97

78 Durante a aula 98

79 Depois da aula 98

80 Manter o aprendizado contínuo 99

81 O que justifica o ato de estudar?	99
82 Como reavivar o gosto pelos estudos?	100
83 A dica de Rilke	105
84 A boa formação	105
85 Por que lemos pouco?	106
86 O que é preciso para escrever?	106
87 Ler muito ajuda a escrever bem?	107
88 A função do debate na vida estudantil	107
89 Há lugar para a educação integral?	108
90 Ler, escrever e debater podem ser melhorados	108
91 O que é teoria?	113
92 O que é prática?	113
93 O que é práxis?	114
94 Teoria, prática e o aprender a aprender	114
95 Para que serve a relação pedagógica?	115
96 É possível comer do próprio pão?	115
97 Em nome do mutualismo pedagógico	116
98 O que é comunicação?	121
99 Como planejar a apresentação oral?	121
100 Como se preparar para executar a fala?	122

101 Fazer o conhecimento circular	123
102 O que é essencial em uma boa comunicação?	123
103 Superando o "aulismo"	129
104 A divulgação científica	129
105 O que é uma conferência?	129
106 O que são congresso e simpósio?	130
107 O que é um colóquio?	130
108 O que são encontro, fórum e seminário?	130
109 O que é lançamento?	130
110 O que é mesa-redonda?	131
111 O que são palestra, oficina e *workshop*?	131
112 Como participar de eventos científicos?	131
113 Os eventos enriquecem o currículo?	131
114 Diversificar o currículo	132
115 Dicas valiosas sobre os eventos	132
116 O que é projeto de pesquisa?	137
117 Como dispor os elementos pré-textuais?	137
118 Elementos textuais: como fazer a introdução?	138
119 Elementos textuais: como fazer a justificativa?	138
120 Elementos textuais: como elaborar os objetivos?	139

121 Elementos textuais: como descrever a metodologia? 139

122 Elementos textuais: como fazer o cronograma? 140

123 Elementos pós-textuais: as referências bibliográficas 140

124 Elementos pós-textuais: apêndices e anexos 141

125 Para que serve um projeto de pesquisa? 141

126 O que são trabalhos acadêmicos? 145

127 O que é trabalho didático? 145

128 Trabalhos acadêmicos: elementos pré-textuais 146

129 Trabalhos acadêmicos: elementos textuais 148

130 Trabalhos acadêmicos: elementos pós-textuais 149

131 O que são citações diretas e indiretas? 150

132 Valor dos trabalhos acadêmicos 150

133 Dicas de ouro sobre trabalhos acadêmicos 151

134 O que é divulgação científica? 155

135 O que é comunicação científica? 155

136 O que é artigo científico? 156

137 O que é informe científico? 156

138 O que é minicurso? 157

139 O que são oficina e *poster*? 157

140 O que é resenha crítica? 158

141 Divulgar é semear	159
142 O que é ética?	163
143 O valor da constância	163
144 Viver a empatia	163
145 Praticar a equidade	164
146 Viver em equilíbrio	164
147 Ter foco no humanismo	165
148 Abraçar a ousadia	165
149 Perseguir a perfectibilidade	165
150 Vida boa com boa vida?	166

O Autor

Wilson Correia possui Licenciatura em Filosofia pela PUC Goiás, especialização em Psicopedagogia pela UFG, mestrado em Educação pela UFU e doutorado em Educação pela UNICAMP. É professor adjunto da Universidade Federal do Recôncavo da Bahia, onde atua no Centro de Formação de Professores, ministrando a disciplina de Filosofia da Educação. É autor dos livros TCC não é um bicho-de-sete-cabeças (Ciência Moderna) e Saber Ensinar (EPU) e coautor da obra Educação Escolar: políticas, saberes e práticas pedagógicas (Edufu), entre outros.

Fazer Teatro não é Bicho-de-Sete-Cabeças

Autores: *Sérgio Simka / Marco Antonio Palermo Moretto*

104 páginas - 1ª edição - 2010

Formato: 14 x 21

ISBN: 978-85-7393-920-0

Fazer teatro é uma aventura que envolve um processo trabalhoso e criativo. Muitas etapas são necessárias para a apresentação de uma peça teatral, porém tudo tem início no texto. Escrever peças teatrais é uma tarefa que exige muita criatividade, talento e suor, pois organizar o enredo é demorado.
Este livro nos mostra o que é fazer teatro pela ótica do autor, do ator e do diretor. O autor pôde experimentar todas essas fases; no início, escreveu peças para as crianças e para os jovens. Peças que sempre mostraram uma mensagem positiva que pudesse ajudar na construção do pensamento. Não estando contente com a redação dos textos, pôs em prática um antigo projeto: montar e atuar nas peças; por sorte, pôde fazer as duas coisas. Ser ator é outra experiência sensível e inovadora, exige tempo, disciplina, organização, memória e criatividade para compor os personagens. Atuou em sua própria peça e em outras, de outros autores. Passada essa fase, pôde aplicar suas experiências teatrais na direção, organizou oficinas no ambiente universitário e depois dirigiu alguns textos também no meio acadêmico. Somou todo esse trabalho e colocou sua vivência teatral neste livro, esperando que os leitores possam compartilhar esses momentos inesquecíveis e significativos.
Escrever, atuar, dirigir e dar aulas de teatro, uma viagem pelo mundo da arte que enriquece, modifica nossa visão de mundo e nos torna mais livres e desinibidos para o palco da vida.

À venda nas melhores livrarias.

EDITORA CIÊNCIA MODERNA

Crase Não é Um Bicho-de-sete-cabeças

Autor: *Sérgio Simka*
120 páginas - 1ª edição - 2009
ISBN: 978-85-7393-767-1
Formato: 14 x 21

Sempre que abrimos uma gramática, vemos mais ou menos a mesma explicação: crase, do grego *crasis*, é a fusão de duas vogais... Essa definição – além de pouco prática – não ajuda a entender esse recurso importantíssimo de nossa língua. Pior ainda: há quem diga que nunca aprenderá a usar crase.

Em linguagem bastante simples e acessível a todos os públicos, Crase não é um Bicho-de-sete-cabeças explora os usos desse importante recurso da escrita sem, no entanto, trazer a linguagem desnecessariamente enfadonha dos manuais de gramática, que tanto afastam quem quer começar a aprender e quem deseja compreender melhor esta nossa riquíssima Língua Portuguesa. Se houve, algum dia, receio quanto ao estudo da crase... isso acabou. Este será seu livro de cabeceira.

Luciano Ricardo Segura, professor de Português do Colégio Augusto Laranja, do Colégio Santo Américo e do Curso Intergraus.

À venda nas melhores livrarias.

EDITORA CIÊNCIA MODERNA

PORTUGUÊS Não É um BICHO-DE-SETE-CABEÇAS

Autor: *Sérgio Simka*

144 páginas - 1ª edição - 2008
ISBN: 978-85-7393-662-9
Formato: 14 x 21

Se você vive perdendo a cabeça por causa das dúvidas de português, seus "pobremas", opa, problemas acabaram. Este livro pretende mostrar, de maneira bem despojada, cheia de humor, que as regras da gramática podem conviver pacificamente com os neurônios de quem pôs na cabeça que português é difícil, deixando claro que conhecer o próprio idioma é dispor de um instrumento para a ascenção, ops, ascensão profissional. "Português não é um bicho-de-sete-cabeças", certamente, vai fazer a sua cabeça, pois apresenta a língua portuguesa de um modo que você jamais viu.

À venda nas melhores livrarias.

EDITORA CIÊNCIA MODERNA

Redação Criativa Não é Um Bicho-de-sete-cabeças

Autor: *Sérgio Simka*
104 páginas - 1ª edição - 2009
ISBN: 978-85-7393-818-0
Formato: 14 x 21

Este livro apresenta sugestões para uma nova metodologia do processo de escrita, ao instaurar uma nova consciência textual.

Essa nova consciência é que vai desencadear um novo olhar sobre o produtor do texto, a começar pela autovalorização, como sujeito que possui todas as qualidades para tornar-se uma pessoa competente na escrita, que sabe que sabe escrever.

É essa consciência que vai lhe permitir enfrentar de outra maneira os desafios da escrita, alicerçado que está numa ideia fundamental: a grande receita para escrever é que não existe receita, a não ser que a tal fórmula possa ser interpretada como um conjunto de práticas em torno das quais giram a leitura e a escrita constante, frequente, sistemática, diária, prazerosa.

Este livro aponta para a necessidade de uma nova pedagogia do ensino da escrita centrada no essencial, que é a pessoa que escreve. Concedendo-lhe a motivação necessária, o carinho básico, o resultado é fantástico.

À venda nas melhores livrarias.

EDITORA CIÊNCIA MODERNA

Impressão e acabamento
Gráfica da Editora Ciência Moderna Ltda.
Tel: (21) 2201-6662